Couverture intérieure manquante

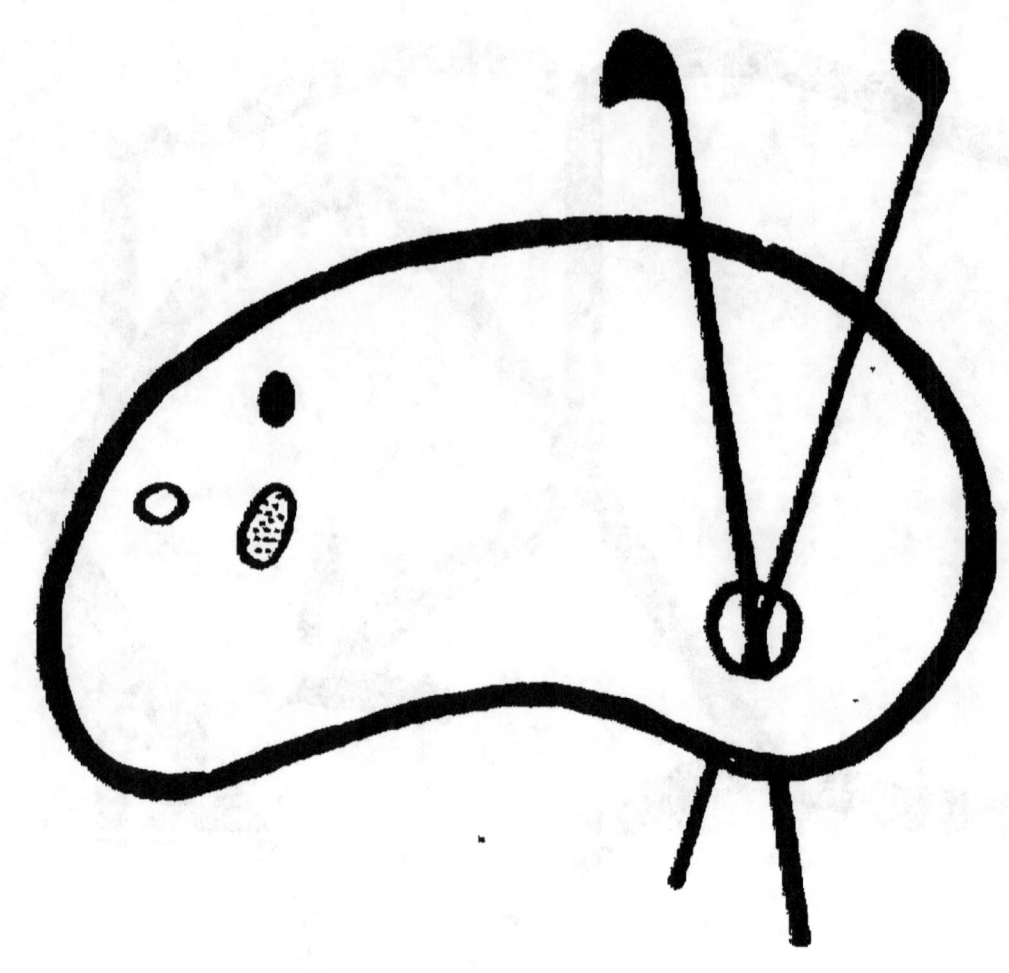

DEBUT D'UNE SERIE DE DOCUMENTS EN COULEUR

NOTICE

SUR

LA TARASQUE & Ste MARTHE
N.-D. DE LA SEDS
SAINT-JEAN-DE-MALTE & St LABRE

PAR

M. le Chanoine **BARTHÉLEMY**

Docteur en Théologie

AIX
ACHILLE MAKAIRE, IMPRIMEUR-LIBRAIRE
2, rue Thiers, 2
1885

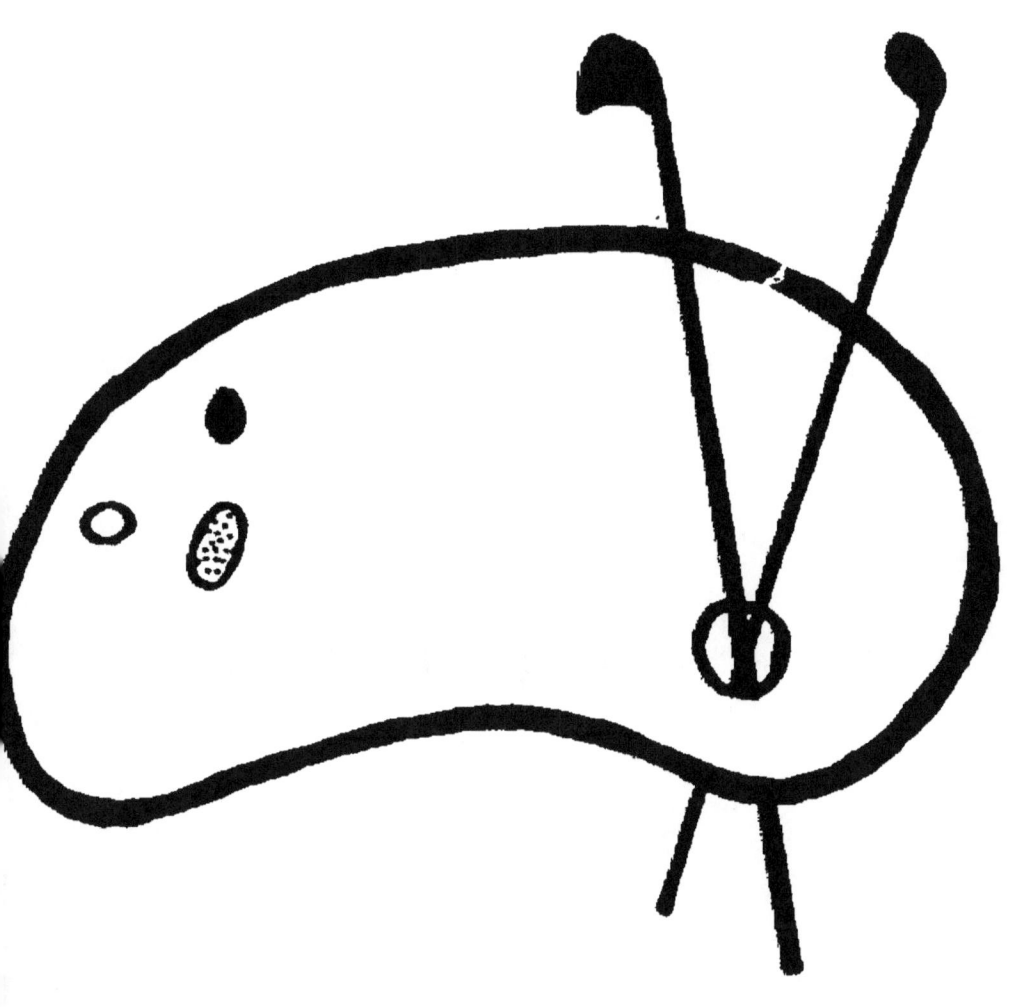

FIN D'UNE SERIE DE DOCUMENTS
EN COULEUR

ŒUVRES

DE

M. LE CHANOINE BARTHÉLEMY

NOTICE

SUR

LA TARASQUE & Ste MARTHE

N.-D. DE LA SEDS

SAINT-JEAN-DE-MALTE & St LABRE

PAR

M. le Chanoine **BARTHÉLEMY**

Docteur en Théologie

AIX
ACHILLE MAKAIRE, IMPRIMEUR-LIBRAIRE
2, rue Thiers, 2
—
1885

PRÉFACE

Dans cette brochure, j'ai réuni divers articles publiés par M. le chanoine Barthélemy dans l'*Écho des Bouches-du-Rhône*. J'ai cru être l'interprète fidèle des sentiments de l'auteur en les publiant ainsi, afin de mettre sous les yeux du lecteur les faits remarquables qui se rattachent à notre histoire de Provence et qui nous offrent un si vif intérêt. En outre, les personnes qui ont connu l'auteur, qui ont eu de nombreux rapports avec lui et les âmes pieuses qui ont reçu de sa bouche les douces paroles de consolation, seront heureuses, je n'en doute pas, d'avoir un souvenir de celui qui a sacrifié sa vie aux devoirs de son ministère.

Michel BARTHÉLEMY.

Légende Gallo-Chrétienne du 1ᵉʳ Siècle

LA TARASQUE ET SAINTE MARTHE

Peu d'années s'étaient écoulées depuis le drame douloureux du Calvaire. Or, à la fin d'une journée sombre et mauvaise, le soleil disparaissait derrière d'épais et humides nuages, qui, poussés par un vent impétueux, sillonnaient le ciel en désordre et avec une effrayante rapidité. L'orage grondait d'abord au loin sur les montagnes et produisait un bruit sourd, semblable à celui d'un char emporté qui traverse une rue éloignée, dans le silence de la nuit. Puis, s'approchant rapidement, il fond tout-à-coup sur la cité. Alors la foudre éclate de toutes parts avec un fracas épouvantable, les éclairs se succèdent sans interruption, le ciel est en feu ; des torrents d'eau tombent sur le bois de Nerluc, sur les roches voisines, dans les flots du Rhône, où elles couraient en se tordant comme un serpent blessé, et enfin sur la petite ville de Tarascon.

Dans ce déchaînement des éléments conjurés, les familles tremblantes étaient groupées auprès de leurs foyers : les portes et les fenêtres de leurs demeures fermées avec soin. Les mères embrassaient leurs jeunes enfants épouvantés pour calmer leur juste terreur.

Mais l'effroi était surtout à son comble dans une pauvre chaumière, bâtie sur le bord du fleuve, en face de la forêt de Nerluc, qui s'étendait noire et immense sur l'autre rive. Trois personnes y éprouvaient des transes mortelles : le vieillard Runcius, sexagénaire, une jeune femme allaitant son nouveau-né, son frère infortuné, infirme de 25 ans, entièrement paralysé.

La famille était évidemment incomplète. Ainsi s'explique mieux encore la vive anxiété des habitants de la chaumière. Ils attendaient un des leurs imprudemment attardé pendant l'effroyable tempête.

L'humble demeure était éclairée par une torche de résine. A droite, dans un angle obscur, se trouvaient des filets et des avirons encore humides ; plus loin, appendus à la muraille, des cognées, des scies, des couteaux recourbés. Dans le fond, le jeune paralytique, étendu tristement sur un informe grabat, portait ses yeux sur sa sœur mélancoliquement. Plus près, le vieillard, assis sur un siège en planches noircies, reposait son front chauve sur une de ses mains, et, de l'autre, serrait sur sa poitrine sa barbe blanchie par les ans. La jeune femme justement alarmée, debout auprès de la fenêtre entr'ouverte, regardait dans les ténèbres, écoutait dans les éclats du tonnerre et se lamentait de ne voir personne, de n'entendre venir personne.

— Bénigna, dit alors le vieillard Runcius, la pluie, activée par le souffle de la tempête, inonde tes cheveux et ton sein ; ton jeune fils souffre du froid. Viens, assieds-toi près de moi, ma fille.

— Hélas ! mon père, répond Bénigna d'une voix désespérée, il ne vient pas !

Par un mouvement involontaire elle va se diriger vers son père pour lui obéir, mais un attrait plus puissant que sa volonté l'enchaîne auprès de cette fenêtre, violemment secouée par l'orage.

L'impotent jeune homme tenait fixés sur sa sœur des regards empreints d'une sollicitude touchante. Il lui adressait des paroles de consolation. S'arrêtant de temps en temps, il cherchait les plus propres à tempérer ses inquiétudes, à relever son courage abattu. De sa voix la plus douce il laissait tomber sur la douleur de la jeune femme des expressions semblables à un baume rare et exquis que l'on fait distiller goutte à goutte sur une plaie avec une sorte d'avarice prévoyante.

Tantôt il lui disait : Ma bonne sœur, ne te désole pas : du courage ! confiance ! Notre cher Linœus ne tardera pas. Il reviendra bientôt. Il a dû, à l'approche de l'orage, s'abriter auprès d'un ami ou chercher un refuge dans le creux d'un rocher. Tantôt il ajoutait : Que ne suis-je libre de mes jambes ! j'affronterais la tempête, je braverais la violence de ces eaux diluviennes ! je le retrouverais bientôt et le ramènerais dans tes bras.

Bénigna, silencieuse, secouait la tête pour lui montrer son incrédulité.

Cependant l'orage redoublait de violence. La foudre ne cessait de déchirer le ciel et de frapper la terre. La jeune femme désolée ne quittait pas l'étroite ouverture de la chaumière, portant, à la lueur des éclairs, des yeux pleins d'anxiété sur la route et la campagne. Sa persévérance tenait du désespoir, car, depuis trois mortelles heures elle attendait en vain.

Le silence succède enfin au grondement du tonnerre. Tout à coup un cri perçant, porté par le vent, retentit dans l'intérieur de la chétive habitation ; une plainte déchirante, lamentable, s'exhale d'un cœur oppressé. Tous frissonnent: Bénigna tombe évanouie en s'écriant : « C'est sa voix ».

Cette nuit sans pareille, nuit d'épouvante et de terreur, s'écoula enfin. Un souffle du nord-ouest avait dissipé l'orage. Un ciel pur, azuré, annonçait un beau jour ; le soleil radieux dorait de ses premiers rayons les collines lointaines, et une brise fraîche et légère secouait sur la mousse l'humide chevelure des arbres du bois de Nerluc.

* * *

Le vieux Runcius se hâte de sortir de la chaumière et monte dans sa barque. Loin de s'occuper de jeter ses filets, il se dirige rapidement vers l'autre rive, et, amarrant sa nacelle, il porte ses pas vers la forêt, en pénètre les profondeurs. Sans se donner aucun repos il va de cabane en cabane, interroge les bûcherons, recherche avec une émotion toujours croissante Linœus ou des détails qui le concernent. L'un répondit : il passait, vers la dixième heure, lorsque l'orage commençait à se former. A des instances pour le retenir, il répartit: « Je ne m'arrête pas, Bénigna éprouverait trop de peine ». L'autre avait été son compagnon de travail la veille ; mais qu'est-il devenu, ajoutait-il ? La tempête l'a forcé de regagner son foyer. Un troisième, dont l'habitation était plus rapprochée des rives du Rhône, avait aperçu, à la lueur des éclairs, Linœus s'avancer sur la rive. Un instant après, un cri, avec un épouvantable retentissement, s'était fait entendre au milieu du tumulte des flots et de l'effrayant murmure de la tempête. Que s'était-t-il passé ? Quelque drame navrant dont pourtant il ne saurait dénouer la trame sanglante.

Les recherches de l'infortuné vieillard n'apportèrent aucun éclaircissement sur la fin tragique de son bien-aimé gendre, mais ne lui présentèrent que des indices trop certains. Les bûcherons se joignent à lui et se dirigent du côté d'où les cris étaient partis, vers le bord du fleuve.

* * *

Runcius et ses compagnons arrivent bientôt, dans leurs perquisitions empressées, à l'entrée d'une caverne. Elle s'ouvrait sur les rives du fleuve, dans les flancs d'un groupe de rochers élevés, large, profonde, sombre et effrayante. Quel spectacle ! Çà et là des traces de sang ; plus loin, la cognée de Linœus ; ici encore des lambeaux ensanglantés de sa tunique. Plus de doute donc : l'époux infortuné de Bénigna n'a pas été frappé par la foudre, il a dû succomber dans une lutte acharnée, et, une mort violente a mis fin à ses jours. Plusieurs questions se pressent sur les lèvres de Runcius et de ses compagnons. Des malfaiteurs ont-ils assailli son gendre. Mais qu'attendaient-ils d'un pauvre bûcheron ? A-t-il été victime d'un guet-apens qu'un ennemi mortel lui aurait préparé ? Mais Linœus était l'ami de tous. Enfin, la dent meurtrière d'une bête fauve aurait-elle mis en pièces le meilleur des hommes ? Dans cette cruelle perplexité le vieux pêcheur prend une résolution extrême. Heureux s'il peut arracher son beau-fils à la mort, ou du moins connaître les circonstances de son déplorable trépas.

Il veut, d'un pas intrépide, pénétrer dans l'antre affreux, en explorer les immenses cavités, dût-il périr. Les bûcherons alarmés conjurent Runcius de renoncer à cette tentative si périlleuse. Inutilement. Le vieux pêcheur coupe une branche de pin, l'allume et, marchant d'un pas ferme et assuré, il s'enfonce dans le gouffre noir et sans fond. A la lueur de cette pâle lumière il suit les traces de sang qu'il découvre sur le sol devant lui.

Cependant, les bûcherons, debout à l'entrée de la caverne, immobiles, saisis de frayeur, prêtaient une oreille attentive au bruit retentissant des sandales de bois de Runcius sur la pierre sonore, qui s'affaiblissait insensiblement. Bientôt la clarté disparait, le bruit cesse, et un silence profond régnait dans l'intérieur de l'antre. Au dehors, le sourd murmure des arbres agités par une légère brise, le bruissement lugubre des eaux du fleuve grossies et limoneuses achevaient de rendre la scène douloureuse et déchirante. Aussi, les amis du vieillard, consternés, tremblants, invoquaient, dans leurs pensées, les dieux tutélaires de la contrée pour le vieux père de Bénigna.

Tout-à-coup un immense cri, parti des profondeurs de l'affreux repaire, glace d'effroi les bûcherons. Puis, un grand bruit, tel celui d'un cheval emporté trainant un char, retentissant, mêlé à des mugissements et à des vociférations effrayantes, ébranle les flancs de la montagne. Au même instant un monstre épouvantable en jaillit soudain et s'élance sur la petite troupe. Jamais la nature, dans ses informes créations, n'en avait produit de semblables; jamais l'imagination fantastique des poëtes et des peintres n'en avait enfanté de pareil. Hélas! la fureur le pousse: il saisit de ses griffes aigües les deux hommes les plus rapprochés de l'antre, les étreint et les étouffe sur son large poitrail. A cette vue, les autres prennent la fuite en poussant des cris de frayeur. Ils arrivent sur les bords du fleuve, se jettent précipitamment dans la barque de Runcius, coupent le lien qui l'attachait à la rive et s'en éloignent en ramant avec une hâte désespérée. Infortunés! Ils n'échappent pas au danger par cette fuite précipitée. Le monstre se met à leur poursuite, se jette dans le fleuve et se dirige vers eux. Réunissant tous leurs efforts pour obtenir une marche rapide, ils sont arrêtés par la violence des eaux. Ils veulent s'éloigner, mais le courant les entraîne et les pousse vers l'animal en furie. Car, la nacelle emportée descendait, descendait toujours, et toujours la bête cruelle, se débattant dans les ondes, s'approchait. Plus d'espoir d'échapper au péril qui les menace, c'en est fait. Tout secours humain est impuissant pour les arracher à une mort certaine dans cette extrémité. Ils abandonnent les rames et invoquent leurs dieux par des supplications pressantes : divinités sourdes et aveugles, incapables de les secourir.

Le dragon monstrueux atteint bientôt la frêle embarcation. Il se précipite sur elle. La nacelle sombre. Le cri d'agonie des victimes se perd dans le flot qui les engloutit. Le monstre plonge pour saisir sa proie. Quelques instants après il reparaît sur la rive portant dans ses griffes acérées trois cadavres mutilés et ensanglantés.

La forme du dragon était étrange. Il y avait en lui du quadrupède, du reptile et du poisson. Il dépassait par sa stature les taureaux les plus puissants. Sa tête, semblable à celle d'un lion, était couverte d'une épaisse crinière et armée d'une triple rangée de dents aigües et incisives ; son énorme poitrail, revêtu de crins, tels ceux du sanglier, était terminé par deux bras, comparables aux pieds d'un ours de gigantesque stature ; ses six pieds empruntaient quelques côtés à ceux d'un homme ; de sa croupe, ressortait une queue de serpent terrifiante qui se terminait par un dard aigu et mortel ; sur son dos se développait une écaille large, épaisse, dure comme le fer, qui le rendait invulnérable ; elle était hérissée de pointes aigües et divisée par une arête dans toute sa longueur jusqu'à l'extrémité de la queue. Tel était le monstre qui allait porter la désolation dans la ville bâtie sur les bords du Rhône, sorti la veille du sein de la tempête.

La bête monstrueuse, chargée du déplorable butin qu'elle venait de faire, s'éloigne de la rive du fleuve et regagne précipitamment son antre. Or, un des bûcherons engloutis par les eaux échappa à sa dent meurtrière et parvint, après des efforts incompréhensibles, à s'approcher de l'autre rive.

*
* *

Bénigna, accablée sous le poids de la douleur, ne quittait pas la porte de la chaumière, attendant à tout instant le retour si attardé de son père, conservant toujours au fond de son cœur un reste d'espérance de revoir son cher Linœus. Tout-à-coup elle aperçoit sur les eaux tumultueuses du Rhône un homme qui luttait contre la vague écumante pour gagner la rive et s'arracher à une mort certaine, car ses forces épuisées trahissaient son courage. L'intéressante femme rentre en toute hâte dans sa chaumière, saisit une corde roulée, court sur la berge du fleuve, déroule d'une main leste et rapide la corde bienfaisante et la jette au malheureux bûcheron. A ses cris de détresse elle répond par des paroles de confiance et de courage. Le sauvetage est fait. En effet, malgré la violence du courant et son épuisement, l'infortuné peut atteindre la corde, la tenir fortement par un suprême effort, et, aidé par la courageuse épouse de Linœus, regagner peu à peu, péniblement, le sol ferme de la rive. Il arrive auprès de Bénigna exténué et mourant. Il se traîne, soutenu par elle, jusqu'à sa pauvre demeure. Là, elle le fait asseoir devant un foyer ardent. Alors, par les soins les plus tendres, les plus dévoués et les plus intelligents, elle ravive son hôte. Bientôt reprenant un peu de force, celui-ci porte de tous côtés des regards pleins de larmes. Puis, laissant tomber la tête dans ses mains, il pousse des cris déchirants. Le nouveau-né, impressionné, s'éveille en sursaut, fait entendre les vagissements les plus touchants. La jeune mère le prend dans ses bras et retourne auprès du bûcheron, n'osant l'interroger sur la cause de sa douleur ni sur les dangers qu'il avait courus.

Pourtant le jeune infirme, demeuré étendu sur son lit

de douleur, prit la parole au nom de sa sœur. Il espère trouver des éclaircissements sur l'étonnante disparition de son frère et le retard prolongé dans le retour de son père.

« Etranger, lui dit-il, pourquoi ces sanglots ? Quel malheur te frappe aujourd'hui ? Comment t'es-tu trouvé dans les flots courroucés du fleuve ? Parle, ta douleur sera comprise et partagée, car nous pleurons notre Linœus qui n'a plus reparu depuis que l'orage a fondu sur la contrée. »

A ce mot de Linœus, le bûcheron met un terme à ses sanglots. Mais sa physionomie se contracte, une secrète horreur s'empare de son âme en pensant qu'il était l'hôte de Bénigna. L'affliction de la jeune femme l'attriste profondément. Il ne se dissimule pas toute l'étendue de sa douleur lorsqu'il lui révèlera les grands malheurs qui ont frappé sa famille.

« Jeune homme, s'écrie-t-il, de grâce, permets moi de garder le silence ; laisse-moi m'éloigner de ton foyer ; laisse-moi garder pour moi seul un affreux secret ; loin de moi de reconnaître la bienveillante et cordiale hospitalité qui m'est donnée dans ma détresse en vous apportant le deuil et la désolation. »

C'en était trop pour le cœur si tendre et si sympathique de Bénigna. Elle a tout compris.

« Malheur, malheur à moi, s'écrie-t-elle en sanglotant. Mon Linœus, époux bien aimé, tu n'est donc plus !... Ah! sans doute, mon vieux père, à cette heure, répand des larmes amères sur tes restes inanimés. »

« Amis, reprend le bûcheron, pourquoi faut-il que je

doive vous porter de si navrants détails ? Ceux qui ne sont pas à cette heure dans cette chaumière ne doivent plus y rentrer. »

« Eh quoi ! mon père, mon père est mort aussi ? »

En poussant ce nouveau cri, Bénigna tombe évanouie sur le sol couvert de paille de sa chaumière. Le petit enfant qu'elle tenait dans ses bras contre son sein roula en pleurant jusqu'aux pieds du paralytique.

« Messager de malheur, maudis sois-tu, dit alors le jeune homme dans son désespoir. Père chéri ! dévoué Linœus ! ma bonne sœur ? répétait-il dans le paroxysme de sa douleur, en se rendant péniblement auprès de Bénigna. Oh ! jour fatal, sois à jamais maudit ! sois maudit en même temps, hôte sinistre. »

« Que ta malédiction ne tombe pas sur ma tête, continue le bûcheron, car, à cause de vous, mon frère n'est plus. »

« Quatre de mes compagnons sont morts misérablement; et, si je conserve un reste de vie, je le dois à la protection des dieux qui ont voulu me laisser comme un témoin de nos désastres et rester pour raconter par quels fléaux ils châtient cette malheureuse contrée dans leur juste courroux. »

« Parle donc sans délai, termine ton lamantable récit avant que ma sœur ne recouvre l'usage de ses sens. »

« Tu penses bien, jeune homme ; le cœur d'une femme ne pourrait entendre les déchirants détails que j'ai à révéler sans se briser. Recueille ta plus grande énergie, ton courage et écoute. »

Il achevait la narration des douloureuses péripéties de cette journée si désolante, l'entremêlant de ses larmes, lorsque Bénigua revint à elle. Il s'éloigne sans retard de la chaumière pour ne pas se trouver dans la nécessité de répondre aux questions qu'elle s'empresserait de lui adresser. Son frère saura mieux que lui adoucir l'amertume de sa douleur, en lui dévoilant les circonstances du double malheur qui la frappait.

Le bûcheron se rend dans les rues de Tarascon, répétant le tragique récit de demeure en demeure.

L'alarme et le deuil sont dans la cité. La fatale nouvelle circule sur toutes les lèvres. Les plus intrépides Tarasconais se concertent. Ils se déterminent de se porter au-devant du monstre, dès le lendemain ; et même d'aller l'attaquer jusque dans son affreux repaire. Cette énergique résolution rend le calme aux pusillanimes. La presque totalité de la population s'apprête à marcher contre le monstre. Au lever du soleil, tout homme capable de porter un javelot, une hache, une lance, se rend sur la grande place. Les prêtres, de leur côté, immolent des victimes afin de rendre les dieux propices. Ils interrogent les entrailles des victimes. Et après avoir accompli ces rites sacrés, pleins de confiance, répétant les plus heureux présages, ils suivent la troupe courageuse, portant dans leurs mains de petites statues de leurs dieux. Les femmes prennent part à l'expédition avec leurs maris et leurs frères. Les jeunes enfants, armés de frondes et de bâtons, se livrent autour de la petite armée aux ébats de leur âge.

*
* *

Les imprudents Tarasconais arrivent auprès de l'antre sans rencontrer même l'apparence du danger.

Ils se rangent autour en ordre et avec empressement pour en fermer toutes les issues, et forment un cercle serré et impénétrable de lances et de javelots aigus. Ces dispositions prises, ils lancent des chiens dans la grotte. Le monstre provoqué pousse d'affreux rugissements, qui répandent la terreur dans tous les cœurs. Bientôt, il apparait. A la vue de ce rempart humain, il s'arrête soudain et promène de tous côtés son regard farouche et terrifiant. Un cri d'épouvante se fait entendre : c'était le signal de l'attaque.

Une grêle de pierres tombe sur la bête cruelle. Mais elles rebondissent sur les écailles de son dos comme sur une cuirasse. Des pieux jetés avec force contre elle sont repoussés sans laisser de traces. Les dards effilés glissent sur ses flancs comme sur la pierre. Le monstre ainsi assailli entre en furie. Ses hurlements redoublent, retentissent jusqu'au fond de l'antre et ébranlent la montagne jusque dans ses fondements ; ses écailles se dressent sur tout son corps ; sa queue menaçante s'agite de toutes parts. Plus rapide que l'éclair, il s'élance sur les assaillants, brise les armes, renverse, foule sous ses pieds, déchire de sa dent meurtrière, dévore hommes, femmes, enfants, prêtres présentant les statues de leurs dieux impuissants. Le carnage fut affreux. Il périt dans quelques moments un quart de la population. Les Tarasconais échappés à ce massacre, glacés d'effroi, dispersés, se hâtent de fuir et de regagner les remparts de la ville pour y trouver un asile. Ils ne pensent pas même de porter le moindre secours à ceux des leurs qui respiraient encore.

La consternation règne partout. Les bûcherons désertent la forêt de Nerluc, ne se croyant plus en sûreté dans le voisinage du monstre; les pêcheurs craignent de s'exposer sur les eaux du fleuve. Tous s'enferment dans la ville, affolés par la crainte et tremblants de frayeur.

Cependant, le dragon avait accumulé dans son repaire les nombreuses victimes de sa fureur. Elles suffirent à sa voracité pendant un mois. Ce temps expiré, il sort de son antre, cherchant une nouvelle proie. Mais inutilement, les alentours de la forêt, les abords et la surface du fleuve, la campagne même ne lui offraient aucune victime. La rage du monstre, surexcitée par une faim dévorante, grandit. Poussé par le besoin, il traverse le fleuve et fond pendant la nuit sur la ville. Ce nouveau carnage fut épouvantable. Des gémissements déchirants remplirent de nombreuses habitations; le sang coula dans les rues; des lambeaux de vêtements se rencontrèrent sur tous les points de la cité. Dans cette douloureuse extrémité, en présence de l'impuissance, de la force et de l'art, les habitants désolés implorent encore une fois le secours de leurs divinités tutélaires. Les prêtres réitèrent leurs supplications publiques et leurs sacrifices. Prières vaines, holocaustes sans efficacité !

Néanmoins on fortifie la ville, on l'entoure de fortes barrières, de puissantes défenses. Le monstre s'en joue. A un moment donné, il s'avance en plein jour, renverse tous les obstacles, parcourt les places, les marchés, dévorant tous ceux qu'il rencontre.

La terreur était à son comble parmi les infortunés Tarasconais. A la désolation avait succédé un sombre désespoir. La plus triste mort leur paraissait à tous proche et inévitable.

*
* *

Or, sur ces entrefaites, arrivent à Tarascon des marchands venus de Marseille et d'Aix. Ils parlent aux Tarasconais, si profondément affligés, des prodiges opérés par une jeune femme nommée MARTHE. A l'appui, ils racontent les miracles dont ils avaient été les témoins : des guérisons instantanées sur des malades désespérés, des morts rendus à la vie, et autres merveilles produites par une simple parole, au nom d'un Dieu inconnu. Ces grandes choses frappent l'attention de cette population éperdue et lui rendent un rayon d'espérance. On se dit qu'il faut s'adresser à la puissance étrangère, faire un appel à son cœur. Une nouvelle assemblée est convoquée sur la place publique. On délibère sur les moyens à prendre pour obtenir son secours. On s'arrête à la détermination de lui adresser une députation, qui lui exposera la grandeur des maux de la ville, le danger imminent que tous courent à chaque instant et l'impuissance de tous les efforts. Elle la suppliera de se rendre en toute hâte dans les murs de la ville et de la délivrer du monstre qui porte partout la désolation et la mort. Ce plan adopté est aussitôt mis à exécution.

Les envoyés arrivent à Aix. Ils recherchent la demeure de la thaumaturge. Non loin des remparts de la cité de Sextius, était une humble habitation. Des oliviers séculaires au feuillage terne et sévère, la dérobaient aux regards du public et l'isolaient des agitations tumultueuses de la foule. Le silence régnait tout autour et en faisait comme le sanctuaire du recueillement et de la prière. Les députés de Tarascon, sur les indications qui leur sont données, abordent ce lieu respecté, où tout respire le calme, la paix et la sainteté. Ils trouvent, prosternés devant une croix de bois et recueillis à ses pieds, trois femmes et un homme. Les trois femmes étaient Marthe, Madeleine, sœurs de Lazare, dont elles s'étaient séparées à Marseille où il annonçait le nouveau culte. L'autre s'appelait Marcelle, leur servante, qui en partageant leur foi avait partagé leur disgrâce et leur exil. L'homme était l'évêque Maximin, dont la prédication salutaire, éloquente et saisissante avait, dans peu de temps, groupé autour de lui des disciples dévoués et détrompés des mythes et des vaines superstitions du Paganisme. Les envoyés, les larmes aux yeux, font à Marthe un tableau navrant et lamentable des malheurs de leur pays.

*
* *

Marthe écoute avec le plus vif intérêt l'exposé navrant des malheurs de la cité. Son cœur s'en émeut. Élevant plus haut ses pensées, elle croit entendre la voix de Dieu, dans celle des envoyés de Tarascon, qui l'appelle au milieu d'un peuple infidèle pour lui porter le bienfait de la foi. Elle acquiesce aux vœux qui lui sont exprimés et promet de se rendre sur le lieu même des désastres. Brisant les liens de ses plus chères affections, la digne vierge embrasse sa sœur Madeleine, lui dit un adieu éternel pour ce monde, car la pécheresse repentante se disposait à partir pour la solitude, où elle devait expier par la pénitence, la prière et les larmes les égarements d'une jeunesse orageuse. Marthe confie sa vieille servante Marcelle à l'évêque Maximin, et lui demande pour elle même sa bénédiction ; quoiqu'elle comptât sur le secours tout-puissant de Dieu, elle ne se dissimulait pas les difficultés de son entreprise. Sans retard elle se met à la disposition de ses guides. Le bruit de la détermination si sympathique et toute la charité de Marthe précède son arrivée dans la ville désolée. L'espérance renaît dans tous les cœurs et la joie se peint sur tous les visages. On attend avec impatience l'heureux moment de cette arrivée. Des voyageurs partis d'Aix en précisent le jour et l'heure. Toute la population se porte au-devant de sa libératrice. Elle est conduite sur la place publique. Là, en présence de la foule empressée elle se prosterne, adresse au Dieu du ciel et de la terre, seul vrai Dieu, une prière pour le salut de ce peuple, lui demande avec instance la victoire sur le monstre et plus encore sur l'enfer. Aussitôt, d'un pas ferme et intrépide, elle se dirige vers la forêt de Nerluc. Le peuple, entraîné par le courage de cette femme, la suit d'abord ; il l'admire et ressent déjà un attrait secret pour le culte d'un Dieu qui donne de si nobles vertus à ceux qui l'honorent.

Cependant personne n'ose s'avancer jusqu'à l'entrée de l'antre. Seule, elle approche hardiment ; elle tient dans ses mains une croix, image de la croix de la Rédemption. A ce moment solennel elle prononce ces paroles : « Bête cruelle, au nom du Dieu vivant et du Christ, mon sauveur, je t'ordonne de sortir de ton repaire ».

Le son de sa voix se perdait encore dans la foule lorsqu'on aperçut le dragon ramper humble et craintif jusqu'aux pieds de la sainte, et, semblable à un chien auprès de son maître, s'y coucher paisiblement.

Ce prodige frappe d'admiration la multitude spectatrice qui court vers Marthe, et, dans un élan de bonheur et de gratitude, la proclame une déesse et se jette devant elle pour l'adorer. « Loin de vous, s'écrie la sainte, un tel acte coupable. Je ne suis qu'une mortelle comme vous. Offrez vos hommages au Dieu vivant. Lui seul est vraiment Dieu ; lui seul est digne de vos adorations et d'un culte ».

A ces mots le peuple adore le Dieu de Marthe ; il promet de n'en reconnaître point d'autre et de renverser les autels de ceux qu'il avait honorés.

Des cris de joie et des acclamations d'allégresse retentissaient de toutes parts. Pourtant, au milieu de cet harmonieux concert de louanges à la thaumaturge et au Dieu puissant qui lui avait donné un tel pouvoir, s'entendent des gémissements et des sanglots déchirants. Une jeune femme s'ouvre un passage à travers la foule, et, fondant en larmes, elle tombe aux genoux de la sainte : « Soyez trois fois bénie, ô tendre libérataice, d'être venue au milieu de nous, dit-elle, Au nom de ce Dieu que vous annoncez, rendez-moi mon bien-aimé frère ! Hélas ! il est mort ce frère chéri tragiquement........ Il me restait seul pour protéger ma jeunesse...... Mon époux et mon père ont péri misérablement de la dent du monstre que vous avez dompté. Ce frère infirme seul demeurait pour m'aimer et consoler ma douleur...... hélas, il est mort ! En apprenant votre arrivée il s'est traîné en dehors de notre cabane : il a tenté de traverser le fleuve à la nage pour assister au prodige de notre délivrance. Infortuné ! le fleuve l'a emporté dans son cours rapide. De grâce, ô puissante libératrice, implorez pour lui votre Dieu que j'adore avec vous et rendez-lui la vie.

Bénigna terminait à peine sa prière, lorsque des pêcheurs dévoués déposaient, sous les yeux de Marthe, le corps inanimé du paralytique : ils l'avaient péniblement enlevé à la vague menaçante, porté sur la rive, et l'avaient placé sur quelques planches détachées pour le transporter plus facilement. A ce spectacle Marthe est attendrie jusqu'aux larmes : elle se prosterne une seconde fois et sollicite un second miracle pour l'entière conversion de ce peuple, plongé dans les erreurs du paganisme. Elle s'approche du cadavre, le touche en s'écriant : « Au nom du vrai Dieu et de son Christ Jésus, mort lève-toi et reviens à la vie ! ».

A ces mots le mort se relève plein de force et de vie, sans infirmité. Ce second miracle déssille entièrement les yeux des habitants de la contrée. Le culte des idoles est proscrit ; le Dieu de Marthe est seul reconnu et adoré pour vrai Dieu.

Cependant la sainte gardait toujours auprès d'elle le dragon docile et rampant. Elle le conduisit dans la ville, suivie des habitants transportés de joie et faisant retentir l'air de mille cris d'allégresse. Elle l'enferme dans une vaste enceinte où le lendemain il est trouvé mort. Il reçut le nom de *Tarasque*.

La sainte libératrice vécut encore de longues années honorée et aimée de ce peuple reconnaissant. Elle implanta les pratiques du nouveau culte et devint l'apôtre de la contrée.

Le tombeau, dans lequel ses restes mortels furent déposés, fut l'objet de la vénération publique.

Une fête, depuis ces temps si reculés, a consacré le double triomphe de Marthe sur le monstre et sur le paganisme. Le roi René établit des jeux qui en représentent les scènes intéressantes.

LE CULTE DE N.-D. DE LA SEDS

I.

Des restes sans nombre sur le sol de la cité rappellent la piété des générations passées et chrétiennes.

Les empreintes des pas de ses saints se retrouvent partout. De saint Maximin et de sainte Magdeleine jusqu'au bienheureux Labre, qui est presque contemporain, une multitude de fervents disciples du Christ et de Justes l'ont arrosé des larmes amères de la pénitence, fécondé de leurs travaux, sanctifié par les œuvres les plus méritoires. Le sang même de bien des martyrs a rougi plusieurs de ses rues et de ses places.

Or, il est vraiment heureux que des esprits sérieux et profondément chrétiens consacrent leurs talents et leurs loisirs à recueillir les souvenirs traditionnels, échappés aux ravages du temps. M. l'avocat Amable Colomb, connu déjà par des brochures sur divers sujets religieux, est de ce nombre. Fouillant dans les vieux parchemins des annales locales, interrogeant les siècles de la période chrétienne, il a réuni dans une intéressante notice, tous les détails qui ont trait au culte de Notre-Dame de la Seds, si vivant dans l'esprit de la population de la cité et si cher à son cœur. Le travail est aussi complet que possible. L'auteur, par l'élégance de son style imagé, les couleurs vives de ses expressions et la justesse de ses appréciations, a rendu intéressant un récit succint et sommaire, faute de documents. Marchant sur ses pas lumineux, nous nous faisons un devoir de tracer les grandes lignes de l'histoire de ce sanctuaire, consacré par le sang de glorieux martyrs, fondé sur des miracles, illustré, dans ces derniers temps, par les faveurs les plus signalées. On aimera à bien connaître les titres de la vraie gloire de la patrie.

La construction de ce sanctuaire remonte aux premiers siècles de l'ère chrétienne. Il est probable, dit l'auteur de la notice, qu'il fut bâti dès que la prudence permit aux fidèles de posséder des églises. Il était situé à l'extrémité occidentale de la ville, dans le bourg des Tours. *Villa turrium*, ainsi appelé des tours qui en défendaient l'entrée au-delà de l'amphithéâtre. Les ruines d'un temple de Cybèle servirent à son érection. Cette église fut dédiée à la mère de Dieu, et choisie pour être le siège de l'Archevêque. De là, le nom de *Ecclesia Nostræ Dominæ Sedis episcopalis*, église de Notre-Dame du siège épiscopal.

Il ne reste aucun détail sur les actes du culte envers la divine vierge, ni sur la splendeur des fêtes chrétiennes, célébrées dans cette enceinte vénérée, pendant ces époques lointaines, si souvent troublées par les édits sanglants des Césars persécuteurs. En 466, le trépas merveilleux du martyr Mitre, décapité dans les cachots proconsulaires, fait enfin rompre à l'histoire son mutisme obstiné. Elle nous apprend que ce héros de la foi prit sa tête dans ses mains sanctifiées, alla la déposer sur les marches de l'autel de la mère de Dieu, y rendit le dernier soupir ; tandis que les cloches, mises en branle d'elles-mêmes, appelaient la population chrétienne à contempler ce spectacle à la fois tragique et si étonnant.

L'éclat de ce mémorable évènement rejaillit sur la vieille cathédrale et donna un nouvel élan au culte de la glorieuse vierge. Le tombeau du saint martyr, érigé à côté de son autel, dans son sanctuaire même, devint un foyer de prodiges et provoqua le concours du peuple de la ville et de la province. Les premiers hommages étaient présentés à l'antique et miraculeuse image. Des grâces inespérées couronnaient souvent une confiance sans bornes dans la reine des cieux. Cette confiance grandit au milieu des désolantes épreuves que traversèrent les populations chrétiennes dans le cours des siècles suivants.

Car, dès 423, les Barbares apparaissent dans la Provence. Quelques années plus tard, peu de temps après le martyre de Mitre, de 475 à 485, « les Bourguignons s'emparent de la Haute-Provence, la Basse-Provence se débat sous l'épée des Visigoths et la hache des préteurs romains. Puis arrivent les grands désastres des invasions sarrasines. Les Barbares n'en veulent pas seulement à la foi chrétienne, mais encore aux monuments, aux églises, aux reliques, aux archives, au sol lui-même. La Provence est saccagée et ruinée ; la ville d'Aix est broyée et détruite de fond en comble. Ses trois massives tours du prétoire, quelques pans de mur du temple du Soleil, quelques blocs de pierre de l'amphithéâtre échappent à peine au fer et au feu.

Cette lamentable catastrophe a lieu en 738.

L'église de N.-D. de la Seds a totalement disparu ».

Plusieurs habitants de la ville furent écorchés vivants pour cause de leur foi ; le plus grand nombre fut réduit en esclavage. L'orage passe. Ceux qui avaient échappé par la fuite à la captivité et à la mort revinrent et reconstruisirent leur ville. Tandis que les uns se fixaient auprès du palais des comtes de Provence, sous la protection des tours massives du prétoire et formaient *la ville comtale* ; d'autres se groupaient autour de l'oratoire, que relevait l'évêque, et donnaient naissance au quartier appelé plus tard *bourg Saint-Sauveur*. Plusieurs enfin rebâtissaient le sanctuaire de N.-D. de la Seds, construisaient leur habitation tout près et employaient les ruines de l'amphithéâtre à l'édification du palais des Archevêques, qu'ils flanquaient de tours pour se mettre en garde contre une nouvelle attaque des Barbares.

Qu'était devenue, dans ces jours néfastes, l'image miraculeuse ? Fut-elle mise à l'abri des coups sacrilèges des envahisseurs, ou fut-elle réduite en cendres ? Nous l'ignorons. La tradition rapporte que l'original fut détruit, et que la copie fut faite alors sur les souvenirs conservés par les habitants.

Quoiqu'il en soit, la vénération et l'amour des fidèles pour l'image miraculeuse ou sa copie s'accrut par le malheur des temps qui suivirent. Les actes de haute libéralité, dont l'histoire a conservé le souvenir et les titres, le prouvent surabondamment. De pieuses largesses et d'abondantes aumônes affluèrent incessamment et pourvurent, pendant les trois siècles suivants, soit à la décoration du sanctuaire, soit à l'entretien de l'église, soit aux besoins du clergé.

II.

Le XI° siècle était à son déclin.

Ici, un sentiment de tristesse s'empare de l'auteur. Il arrive à une époque où le fil traditionnel de ce culte plus que millénaire va se rompre. Il en raconte la décadence et la disparition, avec les charmes de son style.

Nous résumons son récit :

Ce culte antique, avec tant de raison si profondément enraciné dans les cœurs, semblait impérissable. Il en fut bien autrement. Vers le milieu du XI° siècle, la piété des fidèles prenait un autre cours. Un prévôt du Chapitre, nommé Benoît, avait jeté les fondements de l'église de Saint-Sauveur, auprès de l'oratoire de St-Maximin, la sainte Chapelle (1040). La nouvelle Métropole, qui ne comprenait qu'une partie de la nef actuelle du *Corpus Domini*, était terminée en 1082. Ce temple, tombeau de l'Apôtre de la cité, berceau de la foi dans ces contrées, eut des attraits pour les habitants. Ils s'y portèrent avec empressement. D'ailleurs, la gravité des circonstances, dans ces temps orageux, déterminait la population à délaisser la ville des

Tours et à se grouper auprès du palais des Comtes. Le Chapitre lui-même eut hâte de s'en rapprocher. Il transporta sa demeure autour des murs de Saint-Sauveur, *in claustro S. Salvatoris*. Dix ans à peine s'étaient écoulés depuis l'achèvement de l'édifice, et déjà, de préférence à N.-D. de la Seds, il y célébrait journellement ses offices. Pourtant, il n'abandonna pas totalement l'auguste sanctuaire de la mère de Dieu. Il s'y rendait en certains jours solennels de l'année, veillait soigneusement à ce qu'une messe y fut célébrée quotidiennement, y établissait même un prêtre, avec les pouvoirs de curé. Au reste, l'Archevêque habitait toujours son palais des Tours.

Néanmoins, avec le cours des années, le délaissement et de cette partie de la ville et de l'antique sanctuaire s'accentuait de plus en plus. N.-D. de la Seds était en peu de temps déshéritée de sa pompe, déchue de sa grandeur passée, et ne conservait plus que sa vénérabilité et la majesté de ses souvenirs. Grâce à ce titre, en 1112, le premier Concile provincial d'Aix, présidé par l'archevêque Pierre Geoffroy, assisté des évêques Gérard, de Sisteron, et Léger, d'Apt, y fut tenu avec la plus imposante solennité. Ce fut le dernier grand acte religieux dont elle fut le théâtre.

De cette époque date sa complète décadence. Le curé, nommé par le Chapitre, administre modestement et sans bruit sa paroisse appauvrie, sous le titre de vicaire perpétuel. Les pieuses fondations s'arrêtent, les aumônes deviennent très-rares. Bientôt le dénûment arrive et de larges lézardes s'ouvrent sur les flancs de l'édifice. En vain les Archevêques font appel à la générosité de leurs diocésains, en vain de pieux laïques s'associent à leurs persévérants efforts, les regards se tournent vers le sanctuaire de la nouvelle Métropole. La migration des habitants vers la ville comtale et le bourg Saint-Sauveur, ne laisse plus espérer à la ville des Tours qu'une existence précaire. Pour comble de malheur, les archevêques eux-mêmes abandonnent leur palais. C'en était fait de l'église de la Seds. Le départ de l'archevêque précipite la désertion. Mgr Arnaud Bernardi de Piretto, qui en était le témoin, défend sévèrement tout transport de matériaux, hors de la ville archiépiscopale. Ses ordres sont à peu près éludés, et bientôt il ne reste plus que des débris de cette partie de la cité. Grâce à de pieuses libéralités, une chapellenie est fondée en 1347, dans la vieille métropole. Elle aurait pu subsister encore bien des années, lorsqu'un évènement vint achever la ruine.

En l'année 1366, Louis, duc d'Anjou, gouverneur du Languedoc, marche sur la ville d'Aix pour faire valoir les droits sur le comté de Provence, que l'empereur Charles IV lui a cédés. « Les habitants d'Aix, résolus à lui opposer une vigoureuse résistance, détruisent tout ce qu'ils ne peuvent défendre. Ils renversent impitoyablement toutes les habitations en dehors des murs; ils rasent jusqu'au pied la ville des Tours. Toutefois, ils font une redoute de l'ancien palais de l'archevêque, et laissent debout l'église de la Seds, dont les murailles délabrées ne peuvent servir ni pour la défense ni pour l'attaque. Ils ont soin auparavant d'enlever l'image vénérée, et de la transporter à St Sauveur, afin de la préserver de tout danger et de la sauver de toute injure. » P. 33.

Désormais, placée au milieu de ruines et dépossédée de la vénérable statue, l'antique Métropole n'offre plus d'intérêt à la population. Un seul objet peut lui rattacher en ce moment quelques cœurs pieux. Les restes mortels et si précieux de saint Mitre reposent encore dans son tombeau, auprès de l'autel. On ne tarde pas à briser ces derniers liens. Sur le vœu du Chapitre, ces saintes reliques sont transférées et déposées dans une des chapelles de Saint-Sauveur, (1383). Tout était fini pour l'église de N.-D. de la Seds. Dépouillée même de tous ses ornements, dont la métropole est enrichie, elle est abandonnée aux ravages du temps. Bientôt de profondes crevasses annoncent un écroulement prochain. Il eut lieu dans le cours du XV° siècle.

Pendant longtemps, ajoute l'auteur, « on vit sur le sol un amas de décombre.

« Au commencement du XVI° siècle, il ne restait plus pierre sur pierre. Tout était enfoui ».

Ainsi disparut ce monument vénérable, après sept siècles d'existence et de gloire.

De graves raisons amenèrent l'érection d'une troisième église.

III.

Les causes qui amenèrent pour la troisième fois la construction de l'église de N.-D. de la Seds, sont palpitantes d'intérêt. L'action providentielle s'y produisit sensiblement. L'auteur, se plaçant à un point de vue éminemment chrétien la fait admirablement ressortir. Il suffit d'exposer les faits, après lui, pour s'en convaincre.

En vérité, pendant la dernière période du moyen-âge les essaims de barbares, qui s'abattirent si souvent sur nos riantes contrées et les dévastèrent, ne se succédaient plus. Mais, d'autres fléaux non moins désastreux portèrent tour-à-tour l'épouvante dans les cœurs, et ravivèrent la confiance en la Mère de Dieu. Alors, la peste envahissait périodiquement la province. La première, qui sévit en 1348, emporta presque toute la population de la ville. Elle reparut jusqu'à sept fois, dans l'espace de près de 160 ans, toujours effrayante, toujours meurtrière. Celle de 1521, réveilla la coupable indifférence des habitants envers la vierge de la Seds. Sous la pression d'un légitime remords, ils attribuèrent les fréquentes et désolantes visites du fléau à l'abandon de son culte. Un prodige corrobora cette pieuse opinion : « Au milieu de cette préoccupation générale et des regrets publics, la nouvelle se répand que sur le vieux sol, qui avait appartenu autrefois à N.-D. de la Seds, des langues de feu apparaissaient, disparaissaient, puis reparaissaient encore. Ces flammes merveilleuses confirment, dès lors, le peuple dans la pensée que la Ste-Mère de Dieu veut être honorée de nouveau dans les lieux si longtemps consacrés à son culte. » Dans un élan de foi, la population fit le vœu d'y rebâtir l'église, et de renouer la chaîne des incessants et fervents hommages, si longtemps rendus à la glorieuse souveraine des cieux. Or, il conste, par les mémoires du temps, que le fléau cessa tout à coup. Une chapelle commémorative fut bâtie, dans quelques mois, sur les ruines de la seconde église. Le 21 octobre de cette même année 1521, la vénérable statue de la Seds, depuis si longtemps exposée dans S'-Sauveur, fut solennellement intronisée dans son ancienne demeure, au milieu des transports d'allégresse et de la plus grande pompe. Dans le cours de l'année suivante, le pieux Joannis, propriétaire du sol, fit don aux Religieux Minimes de tout le terrain sur lequel se trouvaient autrefois l'église et les maisons dépendant de N.-D. de la Seds. Pourtant, ces Religieux ne furent installés par le chapitre, que trente-quatre ans après cette donation. En attendant, le service religieux fut confié à des curés, nommés temporairement par les chanoines. Ici se place une des plus belles pages des annales catholiques de la cité.

La mise en possession des Minimes, en 1556, si longtemps différée, et les honneurs extraordinaires qu'ils reçurent, furent dus, à ce qu'il paraît, à la haute réputation de savoir et de sainteté de Simon Guichard, l'un des plus illustres membres de cet ordre. Ce docte Père, alors provincial d'Aquitaine, et plus tard, quinzième général de son ordre, avait prêché à S'-Sauveur, pendant l'Avent précédent, une brillante station. Il se fixa à Aix pour y défendre la foi, violemment attaquée par les Protestants. Profondément versé dans les langues latine, grecque, hébraïque, chaldéenne, arabe, et animé d'un grand zèle, le P. Simon consacra le reste de ses jours, à travailler de tout son pouvoir, soit à confondre les réformateurs dans les polémiques fréquentes, soit à affermir les catholiques ébranlés dans leur croyance. « Tous les soirs, on le rencontrait aux portes de la ville où il catéchisait les paysans qui revenaient du travail. Quand ses infirmités l'empêchaient de marcher, il ne manquait pas de s'y faire porter. Un soir, il fut traîtreusement assailli par les huguenots et assomé à coups de pommeau d'épée. » Les meurtriers lui brisèrent la poitrine, le laissèrent mort et s'enfuirent. Cet horrible assassinat se consommait presque aux portes du monastère. L'illustre religieux y fut transporté. Il succomba bientôt après sous ses blessures, apôtre et martyr de la foi (1573), avec des paroles de pardon et de paix sur les lèvres, à l'exemple de son Dieu expirant sur la croix.

A l'arrivée des Religieux Minimes, grâce aux libéralités des Fidèles, l'église reçut un agrandissement considérable et une ornementation remarquable. La dévotion envers N.-D. de la Seds, activement cultivée par les dignes enfants de St-François de Paule, grandit sans mesure. Une manifestation imposante en témoigna chaque année. Dans la matinée du 2 juillet, jour de la Visitation et fête principale de Notre Dame, les PP. Minimes descendaient la statue de son piédestal et la transportaient en grande cérémonie à la Métropole, pour la procession générale établie en son honneur. L'apparition de la statue vénérée, dans les rues de la ville, surexcitait un enthousiasme universel et donnait à cette solennité une splendeur extraordinaire.

Ainsi se pratiquèrent les choses pendant près d'un siècle.

Cependant, les sentiments les plus purs et les plus légitimes s'affaiblissent avec le cours des années. D'ailleurs, les efforts du Chapitre pour grouper les fidèles autour de N.-D. d'Espérance, naguère présentée à leur vénération, avaient singulièrement ébranlé le culte de N.-D. de la Seds, lorsqu'un prodige nouveau lui rendit tout son éclat en 1630.

La peste sévissait encore plus effrayante que jamais. En vain, on avait adressé des prières ferventes et des neuvaines, offert des dons à N.-D. d'Espérance; en vain, on avait invoqué St-Charles-Borromée, dont la pénitence publique avait obtenu la cessation d'un fléau semblable dans son diocèse, la peste devenait de jour en jour plus terrible. La population, éplorée et tremblante sous les coups redoublés de la mort, accepta la pensée tardive et salutaire de recourir à N.-D. de la Seds. A la proposition qui lui en fut faite, la confiance renaquit. Tous l'accueillirent avec un bonheur inexprimable. Bientôt les corps et communautés d'Aix, réunis sur la place des Prêcheurs, 11 janvier 1630, émirent le vœu de se rendre en procession chaque année à N.-D. de la Seds, et de lui offrir divers présents si elle daignait accorder la cessation du fléau. On joignit à ce vœu d'ardentes prières. Le 20 de ce mois, une messe solennelle fut chantée à la métropole au milieu d'une affluence considérable. Le consul, les messieurs du bureau de la justice et les notables de la ville y assistèrent dans le chœur. A l'offertoire, l'assesseur Martelly, interprète fidèle des sentiments des habitants de la ville, se leva, s'avança vers l'autel et prononça, la voix émue, les larmes aux yeux, la formule du vœu solennel contenu dans la délibération du 11 janvier. Une procession de pénitence suivit la grand' messe. Dès cet instant, la peste calma ses fureurs. Le 14 septembre suivant, la population, heureuse de la délivrance si longtemps sollicitée, et enfin obtenue par l'invocation de N.-D. de la Seds, accomplissait son vœu par une procession des plus solennelles. La ville faisait l'offrande de six charges de blé, destinées à l'établissement des Filles Repenties, dont cinq d'entr'elles s'étaient exposées pendant l'épidémie, à l'infirmerie de N.-D. de la Seds, pour servir les malades.

Cette imposante cérémonie et l'offrande des charges de blé furent maintenus jusqu'aux jours néfastes de la révolution de 1793. La main sacrilège et dévastatrice des démolisseurs ne s'arrêta pas devant le sanctuaire, élevé par la reconnaissance publique. Les PP. Minimes, si dévoués au culte de N.-D. de la Seds, furent brutalement chassés. La rage révolutionnaire se porta sur le monument. Le couvent fut rasé, l'église renversée. Les pierres mêmes furent vendues. Il ne resta que quelques pans de mur. Le sanctuaire fut clos d'une muraille et approprié pour un grenier à foin.

Cependant, des jours meilleurs devaient luire et rendre à la glorieuse Vierge de la Seds son trône, son autel, son église et de nombreux serviteurs.

IV.

La tourmente révolutionnaire s'éloignait, et l'horizon politique redevenait calme et serein. Le libre exercice du culte catholique était rendu à la France. Or, la vénérable statue de N.-D. de la Seds, soustraite aux fureurs des Vandales du xviii° siècle, par le R. P. Aillaud, Minime, et cachée dans sa maison paternelle, rue des Bourras, fut remise entre les mains du Chapitre métropolitain (1811). Transportée à Saint-Sauveur, elle fut exposée sur l'autel de la Croix, dans la nef du *Corpus Domini*. La tradition des prières, des hommages du culte le plus empressé, était reliée à celle des temps anciens. Le concours des fidèles, aux pieds de l'image miraculeuse, fut considérable. Il s'accrut de jour en jour. Des grâces prodigieuses descendirent plusieurs fois de ce trône de miséricorde sur des infortunés travaillés par des maladies ou des douleurs morales.

Quinze années s'écoulèrent dans ces épanchements incessants de confiance et d'amour, que grandissaient les douloureuses épreuves des guerres de l'époque, et les faveurs obtenues. Sur ces entrefaites, Mlle Raymond, en religion sœur Saint-Augustin, avait établi un monastère du Saint-Sacrement aux alentours de la ville. Vivement attachée aux traditions religieuses de sa cité natale, elle conçut le projet d'acquérir le sol sanctifié de la Seds, autrefois possédé par les Minimes, de relever les ruines de leur établissement, et d'y transporter sa communauté. L'exécution suivit de près. L'œuvre était achevée lorsqu'elle adressa à MM. les membres du Chapitre une lettre touchante. Elle les priait humblement de rendre la miraculeuse statue de la Seds à son ancienne demeure qu'elle venait de réédifier. La demande était trop légitime ; elle fut accordée sans retard. La translation de N.-D. de la Seds se fit avec la plus grande solennité, la seconde fête de la Pentecôte de l'année 1816. L'antique statue fut intronisée sur le grand autel du sanctuaire où on la voit encore aujourd'hui.

Si la confiance des habitants de la cité est toujours grande en N.-D. de la Seds, la protection de N.-D. de la Seds leur est toujours assurée. Elle s'est produite sensiblement, surtout, dans les récentes invasions du choléra. Si toutefois le fatal oubli de l'invoquer laissa un libre cours au fléau en 1835 et 1837, la ville fut évidemment préservée de ses ravages désastreux en 1849 et 1865. Toutes les villes du département lui payèrent un mortel et désolant tribut ; Aix seule jouit de la plus heureuse immunité. « Le phénomène était extra-naturel, » dit le *Messager de Provence*.

En 1870, les mères, chrétiennes éplorées, implorèrent N.-D. de la Seds et en faveur de la France meurtrie et ensanglantée, et en faveur de leurs fils arrachés à leur tendresse, appelés à la défendre. Leur prière fut exaucée. Leurs fils leur furent rendus après avoir échappé à des dangers sans nombre et à la mort.

L'auteur raconte les solennelles démonstrations dont un grand nombre de lecteurs furent les heureux témoins, après ces trois époques de tristesse et de deuil. Il entre dans des détails saisissants sous sa plume diserte et gracieuse. Ils attesteront aux âges futurs et la confiance et la gratitude des habitants de la cité aux XIX° siècle. D'ailleurs, des hymnes insérées à la fin de l'ouvrage prouveront que la poésie et l'architecture ont offert leur tribut à la puissante protectrice d'Aix.

Nous félicitons l'auteur de la Notice d'avoir élevé ce nouveau monument en l'honneur de la Vierge de la Seds. Son travail trouvera une place distinguée dans les archives de la cité, et lui a mérité les sympathiques éloges et les remercîments de ses contemporains.

L'ÉGLISE DE SAINT-JEAN DE MALTE

I.

La royale et monumentale église de Saint-Jean-de-Malte appartient à la première époque de l'architecture gothique, c'est-à-dire au style ogival primitif ou à lancettes, dont le règne s'étend de l'an 1200 à 1300 de l'ère chrétienne. Sa construction a été commencée en 1234 et entièrement terminée en 1264.

Trente années de travaux ne paraîtront pas un laps de temps trop long, si l'on considère les incidents dont le cours de la vie humaine est rempli, les ornements et la variété des formes architecturales intérieures et extérieures, les difficultés à vaincre pour l'extraction, le transport, la taille et la pose des pierres à grand et moyen appareil qui composent ses murs et ses voûtes.

L'histoire de cette église se lie à celle des Frères hospitaliers de Saint-Jean-de-Jérusalem ou chevaliers de Rhodes et plus tard de Malte. Ils en dirigèrent les travaux et en conservèrent l'administration spirituelle et matérielle jusqu'à la grande Révolution de 1793.

Ces notes mettront en relief quelques points de contact des deux histoires.

L'ordre des Hospitaliers de Jérusalem fut implanté de bonne heure sur le sol de la Provence. Deux raisons surtout semblent y avoir motivé son établissement à Aix : la ville s'était alors pleinement relevée de ses ruines accumulées si souvent par les Barbares, et pour la dernière fois en 869. Elle avait acquis une grande importance et jouissait d'une haute célébrité, car elle était devenue le séjour des rois d'Aragon, qui y tenaient alors la cour la plus polie et la plus brillante de l'Europe. — D'ailleurs, le fondateur de cet ordre célèbre, Gérard Tom ou Tenc ou Tenque, originaire des Martigues, (ile Saint-Giniers alors), selon l'opinion la plus généralement adoptée, dut rencontrer une ardente sympathie pour son œuvre chevaleresque et charitable dans les cœurs élevés et nobles de la cité comtale provençale. C'est pourquoi l'institution comptait à peine 30 à 40 ans depuis sa fondation (an 1100), et déjà de pieux habitants de la ville, secondant l'action de leurs souverains, y appelaient les religieux, et leur cédaient gratuitement des terres au sud et en dehors des murs. Ces hommes de Dieu y érigèrent d'abord une chapelle sous le patronage de Saint-Jean-Baptiste, et y remplirent avec édification les fonctions du culte divin. Leur réputation de sainteté, de zèle et de dévouement grandissait chaque jour dans l'opinion publique Les comtes catalans, heureux de posséder dans leur capitale des membres d'un ordre dont les œuvres de charité et les éclatantes actions étaient admirées partout, les favorisaient de tout leur pouvoir. Quelques-uns se firent agréger les insignes des chevaliers. Alphonse II rechercha le premier cet honneur et forma le projet de leur bâtir une église remarquable dans laquelle il choisirait sa sépulture. La mort ne lui permit pas de mettre son projet à exécution. Son fils, Raymond-Bérenger IV, héritier de sa couronne, l'adopta sans réserve. Par ses largesses et ses dons sans mesure, il mit à même le grand prieur de Saint-Gilles, frère Bertrand de Comps, d'entreprendre la construction de la nouvelle église au lieu même où était élevée la chapelle primitive. C'était vers 1234, cent ans après l'établissement à Aix des Hospitaliers.

Le généreux roi mourut en 1245, avant l'achèvement du temple sacré. Néanmoins les travaux continuèrent. Ils étaient assez avancés en 1251 pour que, le 3 mai, le cardinal Pierre de Colmieu, évêque d'Albano, légat en Provence d'Innocent IV, en fit la consécration solennelle, assisté de l'évêque de Césarée de Philippe en Syrie. Grâce à l'active et intelligente impulsion du frère Bérenger Monachi, Monge ou Moyne, commandeur d'Aix et de Manosque, il fut terminé en 1264.

Alors le monument, dû à la libéralité des comtes de Provence et des pieux fidèles, s'offrit dans son entier à l'admiration des visiteurs. Il s'élevait au milieu des champs, isolé, imposant et majestueux, laissant apercevoir de toutes parts ses belles et élégantes proportions. L'édifice formait une superbe croix latine. Il déployait sa magnifique enceinte ajourée de tous les côtés et au fond de l'abside, et fermée par des verrières de dimensions remarquables qui permettaient aux rayons solaires de pénétrer dans toutes les heures de la journée sous les couleurs les plus vives et les plus variées.

Le frère Bérenger érigea un magnifique mausolée dans la chapelle-nord du transept et y déposa les dépouilles mortelles des rois Alphonse II et Raymond-Bérenger IV. Il couronnait l'œuvre par la construction du clocher monumental qui ne fut terminé qu'en 1376. Il mourait en 1300 dans un âge avancé, léguant à la postérité d'impérissables souvenirs de son goût et de son activité. Dans une inscription, gravée sur une des pierres de la face, il est appelé *fondator*, fondateur de l'église.

Les chevaliers de Saint-Jean-de-Jérusalem reçurent de grands privilèges, dès leur institution. Il leur fut permis permis par la bulle d'Anastase IV de recevoir des clercs pour le service divin. L'ordre compta dès lors trois sortes de membres : les frères chevaliers, les clercs et les frères servants. Le prieuré d'Aix dépendant du grand prieuré de Saint-Gilles, occupa le premier rang dans la langue ou province de Provence. Aussi fut-il toujours administré par des religieux aussi distingués par leurs talents que par leurs vertus. A leur tête était placé un prieur. tiré des rangs des chapelains conventuels, qui jouissait, comme les prieurs de Saint-Jean-de-Jérusalem, du droit d'officier pontificalement avec la crosse et la mitre dans les grandes solennités.

Le nombre des religieux et des prêtres, attachés au prieuré de Saint-Jean, s'accrut avec le temps par les fondations qu'on y institua. Ainsi, Bérenger IV lègue le lieu de Vinon à la commanderie d'Aix, avec la charge d'entretenir trois prêtres destinés à célébrer tous les jours le saint sacrifice pour le repos de son âme. Pour destination identique, sa veuve la comtesse Béatrix de Savoie, laisse divers immeubles pour trois autres prêtres, et leur fille Béatrix, reine de Naples en institue cinq autres. C'est pourquoi 200 ans après la création du prieuré, en 1331, lorsque le grand maître Hélion de Villeneuve tint le chapitre du grand prieuré de Saint-Gilles, dans l'église de Saint-Jean, le dixième de mars, vingt-quatre prêtres étaient attachés à son service. Les séculiers en furent désormais exclus. Dix-huit religieux de l'ordre seulement y furent conservés.

L'église perdit alors sa parfaite régularité. Le pieux Hélion de Villeneuve fit ouvrir quelques pans de murs du côté septentrional, en-dessous du transept, pour y construire une chapelle, dans la pensée d'y choisir le lieu de sa sépulture. C'est aujourd'hui la quatrième à gauche en entrant par le grand portail. Son élévation est celle de l'édifice.

Vers la même époque, en 1347, François de Grossis, professeur de droit civil, bâtissait sous le clocher une chapelle en l'honneur de Notre-Dame-d'Espérance. Il en fondait une seconde plus tard, et laissait en mourant pour l'entretien de deux prêtres appelés à les desservir.

II.

VIANY, Prieur

Pendant près de 250 ans l'histoire en est en quelque sorte muette. Les prieurs se succédaient, apportant plus ou moins de soin à la conservation de la basilique qui leur était confiée. Cependant, l'action destructive du temps se laissait apercevoir sur bien des points, lorsque le jeune Viany fut élevé à la dignité prieuriale de Saint-Jean. Jean-Claude Viany, fils d'un avocat distingué au Parlement de Provence, était nommé prieur de Saint-Jean, le 22 avril 1667. Un grand mouvement de construction entraînait, à cette époque, la noblesse à bâtir de magnifiques hôtels dans cette partie méridionale de la ville. Le nouveau prieur s'y associa. Intelligence d'élite, plein d'avenir et soutenu par le crédit de sa famille, il résolut d'exécuter de grandes réparations.

Son premier soin fut de rendre aux cérémonies du culte divin leur pompe et leur éclat. Il rechercha ensuite les titres de son prieuré, perdus pour la plupart, et fut assez heureux pour faire rentrer les pensions et les droits suspendus depuis longtemps. La maison prieurale tombait en ruines ; muni de l'autorisation, il bâtit, sur les plans de l'architecte Dumas, le monument devenu le Musée. La tour avait deux cloches fêlées et trop petites à son gré. Elles sont refondues, et, deux cloches au son harmonieux et grave prennent leur place.

Pour seconder le zèle de son fils, Jacques Viany, avocat au Parlement de Provence, érige à ses frais la chapelle de Saint-Blaise, et y fait creuser un caveau pour lui et les membres de sa famille.

Nous mentionnerons encore parmi les principaux embellissements dus à l'initiative de Viany : un nouveau pavé de l'église, depuis la grande porte jusqu'au sanctuaire ; la fermeture du sanctuaire par une balustrade en fer d'un travail remarquable, et la pose d'un orgue d'accompagnement au fond du chœur, transporté quelques années plus tard sur la tribune qui fut établie à l'entrée. Le riche mausolée de la reine Béatrix fut reculé au fond de la chapelle sud du transept. Le tombeau des commandeurs et des prieurs, situé au milieu du chœur, reçut quelques modifications. Grâce à l'impulsion et à la direction de l'intelligent prieur, trois autres chapelles étaient bâties vers 1680 : l'une, où s'ouvre aujourd'hui la petite porte, en l'honneur de S' Joseph, aux frais du commandeur de Leydet de Calissane ; la seconde, qu'occupe actuellement le dépôt des chaises, érigée, pour honorer N.-D. de Bon Voyage, par le grand prieur de Toulouse, Vincent de Forbin ; la troisième, celle appelée encore du Purgatoire, dûe à la générosité du chevalier Claude de Simiane. Quelques années plus tard, en 1695, étaient fondées les chapelles de Ste Marthe et de St Paul. Par ces chapelles latérales qui régnaient des deux côtés, Viany avait obtenu une régularité parfaite.

Il s'occupa alors de la façade extérieure, presque informe, sillonnée par la foudre, dégradée et même lézardée. Il l'embellit d'une seconde tourelle, de tout point conforme à la première ; les relia par un grand balcon supportant l'antique fronton triangulaire qu'il répara, soutenu lui-même par une arcade évasée. En dessous, s'appuyant sur le seuil, il entoura la porte d'un portail, semblable à une grande fenêtre géminée du XIIIme siècle, etc. Les deux battants des portes reçurent des sujets en relief, et furent consolidés par des pièces de fer, dont le poids s'éleva à dix quintaux. Un des quatre-feuilles du balcon reçut cette inscription avec les armes de l'illustre prieur : *Viany restaurator* (restaurateur) 1691.

Tant d'embellissement et de réparations en exigeaient une capitale et urgente, sans laquelle toutes les autres devaient être bientôt menacées. Quoique coûteuse, l'actif Viany ne recula pas. La charpente et le couvert étaient en mauvais état : tout fut entièrement remis à neuf. Après cette garantie contre les infiltrations pluviales, il voulut effacer les marques des diverses constructions et donner à l'intérieur de l'édifice une teinte uniforme. C'est pourquoi, il le couvrit d'un badigeon qui, à l'époque, parut être d'un heureux effet.

Le moyen-âge ne connut pas la sacristie. L'église de Saint-Jean n'avait qu'une très petite pièce au fond du transept méridional. Viany en fit ouvrir le mur oriental et construire en delà un premier et un second appartement. C'est la sacristie actuelle et le boudoir irrégulier adjacent, avec des ouvertures au sud.

III.

VIANY, Prieur.

L'infatigable prieur travaillait depuis trente ans à la restauration de son église. Il avait porté sa main intelligente sur tous les points, à l'intérieur et à l'extérieur. Les ravages du temps étaient réparés ; et les résultats obtenus jugés grands et d'un bon goût. Cependant, il restait encore à ornementer l'intérieur. Viany fait appel aux artistes du pays. Avec leur concours, il décore d'abord quelques-unes des chapelles latérales. La peinture, la sculture se prêtent toujours à ses désirs. Des tableaux sont exécutés, restaurés ou mieux disposés ; des rétables posés et ornementés. L'intelligent prieur avait passé une convention avec Christophe Veyrier, l'élève et l'ami de l'illustre Puget, pour l'exécution d'un maitre-autel en marbre. Ce célèbre artiste n'avait achevé que les bas-reliefs de l'autel et de la crédence, en marbre blanc, lorsque la mort l'enleva en 1690. Son neveu, Thomas Veyrier, se chargea de l'autel qui ne fut posé qu'en 1703. C'était une œuvre très ordinaire. Le rétable, orné de colonnettes, et l'exposition, n'y furent surajoutés qu'en 1720. Un autel en marbre de Gênes fut aussi élevé dans la chapelle nord du transept, en l'honneur de S¹ Jean l'Evangéliste ; puis, surmonté d'un rétable en stuc, encadrant une toile de Garcin, représentant l'apôtre dans l'île de Pathmos. Dans la chapelle sud du transept un autel semblable fut dédié à Sᵗᵉ Madeleine, dont le tableau de Garcin encore, reproduisit l'apparition de Jésus à la sainte, après sa résurrection.

Thomas Veyrier travailla aussi aux bustes du Sauveur, de la Vierge, des douze apôtres et de S¹ Barnabé. Ils furent adaptés aux colonnettes de la nef, supportés par de petites consoles en marbre.

L'illustre Viany s'était occupé, dès les premières années de son administration, de la refonte et de l'augmentation de deux anciennes cloches. La troisième, posée en 1270, avait été conservée dans son état antérieur. Elle fut à son tour refondue en 1703 et mise en harmonie avec les autres. Grâce à une subvention payée par la ville en 1710, une quatrième cloche compléta la sonnerie, qui fut la plus belle de la cité, et servit de timbre pour l'horloge récemment établie dans le clocher.

Viany couronna ces embellissements par la pose d'une belle chaire en bois doré et de deux confessionnaux.

Les événements semblent parfois se donner la main pour rehausser l'éclat d'une époque, d'un règne, d'une circonstance. Ainsi en fut-il de l'administrateur du prieur Viany. En 1701, un événement glorieux devait jeter un grand lustre sur l'église de Saint-Jean et devenir une douce récompense pour son restaurateur. Le grand-maître envoyait l'étendard des Musulmans, pris dans une bataille navale par le chevalier de Ricard, originaire d'Aix, pour être suspendu à la voute de la basilique Saint-Jean, comme un hommage au Très-Haut, et un monument de l'héroïsme des chevaliers. — Un mois s'était à peine passé, et les ducs de Bourgogne et de Berry arrivaient dans la capitale de la Provence; ils venaient des frontières d'Espagne, où ils avaient accompagné Philippe V, leur frère, voir l'étendard enlevé aux infidèles. Ils se rendirent à Saint-Jean avec un cortége royal. L'étendard leur fut d'abord présenté. Les princes examinèrent ensuite les restaurations et félicitèrent l'éminent prieur d'avoir rendu à l'édifice sa beauté première, en y ajoutant des grâces nouvelles.

L'œuvre de restauration était heureusement achevée. Rien ne manquait plus au monument pour être rendu à sa splendeur et modifié selon les goûts de l'époque. Le célèbre prieur pouvait mourir en paix. En effet, cinquante-trois années s'étaient écoulées depuis son élévation à la dignité prieurale. Courbé sous le poids des ans et des infirmités, cédant d'ailleurs à des difficultés de situation, Viany donna sa démission en 1720. Il mourut six ans après à l'âge de 88 ans, les uns disent à Malte, les autres à Aix.

En rendant hommage à l'activité, aux grands et intelligents travaux du prieur Viany, l'archéologue déplore certains détails.

Ainsi : 1° la vente des terrains qui entourent la basilique, sur lesquels se bâtirent des échoppes qui l'étreignent et l'étouffent ;

2° La fermeture de la rosace de la façade et de la grande baie du chevet. Par là, furent enlevés ces beaux effets de lumière des rayons du soleil levant ou couchant, passant à travers des vitraux de mérite. Pour couvrir la nudité de la muraille qui prenait leur place, en 1696 on y peignit une grande fresque représentant le baptême de notre Seigneur ;

3° Le raccourcissement des fenêtres géminées des deux côtés de l'enceinte ;

4° La construction de deux tribunes des deux côtés du chœur destinées aux musiciens appelés dans les grandes solennités, masquées aujourd'hui par des tableaux.

Quoiqu'il en soit de ces défectuosités et de quelques autres moins importantes, la postérité doit de la reconnaissance à cet illustre docteur et doyen de la Faculté de Théologie d'Aix, prieur de Saint-Jean et vicaire général de Bayonne, qui, pendant plus d'un demi siècle, consacra toute son activité, ses talents et ses ressources à la conservation et à l'embellissement de ce monument royal.

IV.

Le chevalier Paul Alphéran, successeur de Viany, respecta ses œuvres alors admirées, et rien ne fut changé au monument. D'ailleurs à peine occupa-t-il le siège prieural de Saint-Jean pendant sept ans, et il fut élevé à l'évêché de Malte.

Aucun incident historique ne s'offre plus à nos recherches jusqu'en 1754. Au mois de novembre de cette année, la foudre frappait le clocher si violemment, que la flèche en était ébranlée. Sans la promptitude des réparations *elle se fut écroulée pierre par pierre*, dit un chroniqueur. La boule et la croix latine, qui la surmontaient, étaient renversées. Au mois de septembre 1755, une croix de Malte en fer doré prenait leur place. Mais la flèche restaurée avait perdu environ deux mètres de son élévation.

Ces détails nous reportent à un évènement qui faillit amener la destruction de cette tour si élégante, si élancée, dont les beautés architecturales impressionnent toujours l'observateur. L'empereur Charles-Quint envahissait la Provence et s'arrêtait presque sous les murs d'Aix. Un si grand danger inspira une résolution désespérée. Le commandant de la place, René de Montéjean résolut d'abattre l'église de Saint-Jean et son clocher, situés encore au milieu des champs, dans la crainte qu'ils ne devinssent pour l'ennemi une base d'opération contre la ville. Déjà la main lourde et robuste de nombreux travailleurs portait des coups redoublés contre ces masses de pierres, lorsqu'un ordre du grand maître de Montmorency mit un terme à cette œuvre de dévastation. Nous cédons au plaisir de citer le fragment des vers burlesques d'Antonius Arena, témoin oculaire, qui en raconte les péripéties.

Il s'exprimait ainsi :

> Clocherium pulcrum sanctique Joannis aquensis
> Folygarunt multum forte cavando pedem.
> Pluros martellos de ferro rumpere vidi,
> Ponere per terram quando volebat eum.
> Jam quasi per ventos illum tramblare videbam,
> Et totus populus fort regretabat eum.

Nous arrivons à la date néfaste de 1789. Un décret de l'Assemblée constituante, porté le 4 août, prohiba la perception des dîmes. L'Ordre de Malte ne fut pas à l'abri de la mesure spoliatrice. Deux ans plus tard, 19 novembre 1792, tous les biens ecclésiastiques ayant été déclarés biens nationaux, ceux de Saint-Jean furent vendus. L'Ordre des Chevaliers de Malte cessa d'exister. Son dernier prieur, François Alphéran, monté à peine depuis quatre ans sur ce siège se retira. Un curé et deux vicaires, membres du clergé assermenté, furent établis dans la basilique et la maison prieurale de Saint-Jean. Ils n'y firent que passer. Car, quinze à dix-huit mois après, la nation abrogeait tout culte religieux.

Sous le règne de l'athéisme et de la terreur, les mausolées des anciens souverains provençaux furent renversés et détruits, l'église profanée et convertie en magasin de fourrages. A la chute de Robespierre, elle fut rendue au culte catholique et desservie par des prêtres émigrés revenus de l'Espagne ou de l'Italie.

Le Directoire amena un régime de demi-terreur. La basilique, la maison prieurale et les jardins de Saint-Jean furent mis aux enchères et adjugés à un individu, pour la somme exorbitante de 1,063,000 fr. En présence d'une offre si élevée, des pieux et riches laïques se formèrent en association et, à l'aide de certaines opérations de bourse, rachetèrent ces immeubles ecclésiastiques moyennant la somme de 513,000 fr., et les conservèrent pour des temps meilleurs. En effet, à l'avènement de Mgr de Cicé sur le siège d'Aix, en 1802, après la conclusion du Concordat, les propriétaires se firent un devoir de mettre l'église à la disposition de Sa Grandeur. Elle fut érigée d'abord en succursale (1827), et plus tard en cure de seconde classe. La ville avait contracté une dette de reconnaissance envers les généreux propriétaires qui s'étaient imposés de si lourds sacrifices pour entrer en possession de l'antique basilique des Chevaliers de Malte et la conserver à sa destination. Interprète de ce noble sentiment, le Conseil municipal, en 1815, leur alloua une rente annuelle de 800 fr. Elle leur fut payée scrupuleusement jusqu'en 1824. Dans le cours de cette année, par autorisation du roi Charles X, la ville acquit des propriétaires, pour la somme de 40,000 francs, l'église, la maison prieurale et les jardins de St-Jean.

Peu de temps après, M. de Villeneuve-Bargemont, préfet des Bouches-du-Rhône, proposa le rétablissement du mausolée des comtes de Provence Alphonse II et Raymond-Bérenger IV. Une souscription, à la tête de laquelle se plaça le roi Charles X, fut ouverte immédiatement. Le département et la ville contribuèrent pour une large part à la construction de ce monument, qui fut confié à l'habile ciseau de M. Sébastien Pezetti, sculpteur de la ville. La reconnaissance des ossements, presque miraculeusement conservés dans une des tours latérales de l'église, fut faite le 11 novembre 1828. Le lendemain, M. le préfet commissaire du roi, se rendit à Saint-Jean, accompagné de tous les hauts fonctionnaires ecclésiastiques, civils et militaires du département et de nombreux spectateurs. Les ossements avaient été placés dans une chapelle ardente. La cérémonie de leur translation commença par un discours de Mgr de Bausset, alors archevêque d'Aix. Il fut suivi d'une messe solennelle, célébrée par M. de Posida, évèque de Carthagène et de Murcie. Après l'absoute, le cercueil fut transféré et déposé dans le mausolée.

Cette œuvre de restauration avait été précédée et fut suivie de beaucoup d'autres pour effacer les traces du vandalisme, en 93.

MM. les curés qui ont régi la fabrique de cette basilique, les accomplirent dans la mesure de leurs ressources.

Espérons que les nouveaux embellissements qui se préparent rendront sa splendeur primitive à l'antique et monumentale église des Chevaliers de Malte.

LÉGENDE LOCALE SUR SAINT LABRE

OU SON SÉJOUR A AIX

Les historiens de saint Labre ont passé sous silence son séjour à Aix, toutefois en l'indiquant. Nous nous sommes attachés à recueillir les traditions locales. A Aix, comme dans d'autres cités, le souvenir de saint Labre est encore vivant. Et les faits merveilleux, qu'il nous a été donné de transcrire, ont des traits de ressemblance avec ceux racontés par ses biographes. C'est pourquoi, quoique racontés par un nombre exigu de personnes, nous n'éprouvons aucun doute à les présenter comme incontestables. Le caractère de ces témoins ne laisse planer aucun soupçon sur la véracité de leur témoignage.

Avant de raconter les faits qui sont relatifs à Aix, nous croyons qu'il est bon de donner une esquisse de la vie de saint Labre pour ceux qui ne la connaissent pas.

Benoît-Joseph Labre naquit dans le village d'*Amettes*, diocèse d'Arras, arrondissement de Béthune, département du Pas-de-Calais, le 26 mars 1748. La pratique, dans sa famille, des traditions chrétiennes concourut puissamment au développement, dès l'âge le plus tendre, de son amour des pauvres, de son désir de la pénitence et de son goût des exercices religieux. Ses rares qualités frappèrent son oncle, curé d'Erin, et le déterminèrent à lui ouvrir les voies de la carrière sacerdotale. A seize ans, le jeune Labre terminait avec honneur ses études secondaires. Il abandonna alors l'étude des langues et des lettres pour se livrer à la méditation des vérités éternelles. Bientôt il manifesta le désir d'embrasser les austérités de la Trappe. Après trois années d'attente et d'épreuves, il faisait une tentative à la Chartreuse de Neuville, puis à la Trappe de Mortagne, enfin à l'abbaye de Sept-Fonts en Bourgogne. Mais inutilement, sa santé délicate apportait un obstacle invincible à la réalisation de ses vœux ardents. Dieu l'appelait à la vie méritoire des Roch et des Alexis.

Labre quitta, le cœur attristé, les murs bénis de Sept-Fonts le 2 juillet 1770, et dirigea ses pas vers l'Italie pour en visiter les sanctuaires les plus remarquables. Il voyageait toujours à pied, couvert de haillons, chargé d'une besace qui renfermait quelques livres de piété, choisissant de préférence les routes solitaires pour demeurer plus uni à Dieu, dormant sur le sol sous la voûte étoilée, ne sollicitant jamais l'aumône. Il arrivait à Rome, le 3 décembre, après cinq mois de marche. En mai 1771, il partait de Rome, se rendait dans le royaume de Naples. L'année suivante, il rentrait à Rome et se préparait au pèlerinage de Compostelle, en Espagne. A son retour, il traversa le Languedoc et la Provence. Un de ses historiens dit « que les villes de

Lunel, Montpellier, Aix et Marseille conservent les traces embaumées de ses pas sanctifiés ». Il est probable qu'il faut placer à cette époque son séjour de quelques mois dans ces contrées. Car il consacrait les années 1774, 1775 et 1776 à visiter encore les sanctuaires célèbres de l'Italie septentrionale, puis de la Suisse, de l'Allemagne et de la France, laissant partout sur son passage des traces de ses angéliques vertus.

Cependant ses forces s'épuisaient. Des infirmités précoces s'annonçaient. En 1777, il se fixait à Rome et ne l'abandonnait plus que pour aller annuellement à Lorette en pèlerinage. Il vécut encore six années, dans les austérités de la pénitence et les douceurs de la prière et de la contemplation. Le Seigneur daigna lui laisser entrevoir sa fin prochaine. Labre l'appelait très ardemment, au milieu de ses infirmités croissantes et d'un dépérissement sensible. Le mardi-saint, 15 avril 1783, il éprouvait plusieurs défaillances. Le lendemain était le dernier jour de sa vie, car une faiblesse le laissait sans mouvement sur les dalles de Notre-Dame-des-Monts. Transporté en toute hâte dans une maison voisine, il revenait à lui pour quelques heures et rendait le dernier soupir vers les huit heures du soir, à peine âgé de 35 ans et quelques jours.

Passage à Aix.

Le bienheureux Labre a passé ou séjourné à Aix, dans le cours des sept années de sa vie errante, de 1770 à 1777. En étudiant les détails de cette période de cette admirable existence, on se convainc qu'il a dû traverser les murs de la cité, au moins cinq fois, parce que la route d'Italie y avait son point de départ.

Nous donnons cet ordre à ces passages divers :

1° En se rendant à Rome pour la première fois, au sortir de l'abbaye de Sept-Fonts, le 2 juillet 1770 ;

2° A son départ pour l'Espagne, en 1772 ;

3° A son retour, en 1773 ;

4° Dans les années 1774, 1775 et 1776, pendant lesquelles il visita les plus célèbres sanctuaires de l'Italie septentrionale, de la Suisse, de l'Allemagne et de la France ;

5° A son retour définitif en Italie, vers 1777.

Après un examen sérieux et des recherches consciencieuses, nous sommes incliné à fixer son séjour à Aix, à des intervalles différents, pendant les trois années qui suivirent son retour d'Espagne, en 1773.

Car, un des historiens s'exprime ainsi : « A son retour de Compostelle, notre angélique voyageur se dirigea vers Rome en traversant le Languedoc et la Provence. Les villes de Lunel, Montpellier, Aix et Marseille conservent encore les traces embaumées de ses pas [1] ».

Dans le remarquable travail de M. l'Abbé Desnoyers, nous lisons :

« 1773, sa rentrée en France ; passage par Lunel et Montagnac, par Aix et Marseille, par Nice et par Lucques... Les traditions de ce passage qui subsistent sur toute la

---

[1] Vie du bienheureux Labre, p. 27.

ligne, longeant la Méditerranée, ne paraissent ne pouvoir se rapporter qu'au retour d'Espagne [1] ».

Ces citations suffisent pour établir solidement notre opinion. — D'ailleurs, en dehors de cette époque, il est impossible de le retrouver dans nos contrées. Avant comme après, ses historiens ne le perdent pas de vue, indiquent les lieux où il a vécu et sanctifié ses heures, ses jours, ses années.

Cette courte existence fut consommée à l'âge de trente-cinq ans, là, où la plupart commencent leur vie sociale. A la gloire du saint, il est opportun de répéter : *Consummatum in brevi, explevit tempora multa*, sap. 4, 13, quoique ravi à la fleur de l'âge, il a fourni une longue carrière.

I.

La Grotte de Chicalon

D'aucuns de nos anciens nous redisent que, dans leurs jeunes années, le nom de saint Labre était presque sur toutes les lèvres, à Aix. Son passage encore récent, le souvenir de ses hautes et héroïques vertus, de sa sainte mort pour ainsi dire aux pieds des autels, des nombreux miracles opérés partout dans l'église catholique par lesquels le Seigneur daignait le glorifier, étaient le sujet des conver-

---

[1] T. 1. p. 15.

sations pieuses. Bien plus, il fut l'objet d'un culte de vénération. Ses images étaient recherchées et placées dans les lieux les plus respectés du foyer domestique ; c'était un protecteur. On possédait même des statuettes. On se procurait de ses reliques.

Le temps et surtout les malheurs de l'église avaient un peu affaibli ce sentiment si légitime. Mais, il nous est donné comme nous le constaterons, de le voir se raviver.

Entrons dans les détails qui se rattachent au séjour du saint dans notre ville.

Une tradition indéniable, implantée et vivante encore dans les cœurs, nous montre saint Labre ayant établi son gîte dans la vallée de Chicalon.

Cette vallée, entr'ouverte dans les flancs de la petite chaîne du Montaiguet, offrait à l'angélique pèlerin les heureux éléments d'une retraite nocturne, facile et convenable à ses goûts. — Elle est assez peu distante de la ville, (trois à quatre kilomètres), et abordable du Nord au Sud, dans toute sa longueur et ses sinuosités pittoresques, par un sentier battu et accidenté. — Elle est aussi solitaire, grâce aux contours gracieux de ses monticules couverts de pins et de plantes aromatiques ; grâce encore à quelques pics dénudés qui les surmontent. On se croirait, à peine à l'entrée de la vallée, dans un vaste et profond désert : au-dessus de sa tête, un ciel rétréci ; à droite, à gauche des hauteurs, des rochers, des grottes ; partout un silence de mort. — De plus, la vallée de Chicalon était commode au bienheureux Labre. Son torrent et la source mystérieuse dans le creux du rocher lui donnaient une eau limpide pour étancher sa soif. Tout près, à droite, au-delà du sentier sur le flanc du mamelon, à la hauteur de vingt mètres, était une excavation dérobée aux regards des passants, abritée et défendue par un petit bloc qui en formait comme une redoute. Là, un ciel étoilé ou éclairé par les pâles rayons de la lune, le doux murmure des pins agités par un souffle léger, l'isolement, le grandiose d'un beau paysage élevaient l'âme de notre saint si sensible aux beaux spectacles de la nature et la remplissaient des plus douces consolations. On comprend qu'il ait en quelque sorte dressé sa tente, lui, le contemplatif dans sa foi, au milieu d'un site, où la main de l'homme s'effaçait pour ne laisser paraître que celle de son Dieu.

Il est vrai qu'une seconde tradition lui fait passer des nuits dans les combles de l'église de Saint-Jean-de-Malte. Loin de nous de la rejeter. Nous l'admettons dans son entier. Elle peut se concilier avec la première. Il est probable que le bienheureux ait accepté à son arrivée, l'hospitalité bienveillante des illustres chevaliers de Malte. Ensuite soit pour satisfaire ses goûts pour la solitude, soit pour se dérober aux regards des personnes qui se prenaient de vénération pour lui, il chercha un asile dans une retraite lointaine.

Ainsi, en agit-il à Lorette. Les dépendances de la basilique n'étaient plus une retraite assez sûre; chaque soir, il se réfugiait au loin dans les champs.

Ce qu'il a fait à Lorette et ailleurs, il a pu le faire à Aix. Ces données corroborent la tradition si bien conservée par le fermier des Anges *(deis Angi).*

II.

Le Fermier des Anges (*deis Angi*)

Ce digne homme vivait encore en 1872. Il comptait alors soixante-quinze ans six mois, étant né en 1797. Son nom était Ange-Joseph-Michel GUEYRARD : sa famille habitait la ferme des Anges depuis 1749. Elle était à la cinquième génération lorsque le 22 août 1872, un groupe de prêtres avec l'agrément de Mgr Chalandon, se rendait pour interroger le respectable vieillard sur les traditions locales de saint Labre.

Heureux d'être en présence de témoins si dignes, Gueyrard se fit un bonheur de les entretenir sur un sujet qui lui était bien cher. Il comprit l'importance de ses déclarations. Aussi, eut-il le soin de les entremêler de formules équivalentes à des serments : « Tout ce que je vous raconte est la pure vérité. Je ne m'amuse pas des choses saintes. » D'ailleurs, le vieillard appartenait à une famille d'une rare honorabilité, il avait eu deux tantes d'une vertu éprouvée, sœurs de son grand-père, habitant avec lui parce qu'elles étaient demeurées demoiselles. Pendant la tourmente révolutionnaire de 1793, ces filles instruisirent les enfants de la contrée sur les vérités catholiques. A l'ouverture des églises elles conduisirent au Tholonet plusieurs jeunes personnes, âgées de vingt ans, pour leur première communion. Catherine et Anne Gueyrard, vouées ensuite à l'œuvre des catéchismes de la campagne, furent appelées *Écolières* des Infirmeries. MM. les catéchistes de l'œuvre leur firent, à leur mort, des funérailles solennelles.

Après ces détails qui donnent de l'autorité au témoignage du fermier des Anges, nous exposons son récit simple, naïf et touchant : « Le vallon de Chicalon, dit-il, était un désert dans ce bois. Le Frère *Lèbre* (sic) Labre faisait son habitation contre une pierre, qui, depuis s'est détachée du massif des rochers. Il fixait à cette grosse pierre sa caisse, espèce d'auge en bois ou mieux de pétrin rustique, dans laquelle il couchait. *Enchainavo sa caisso en aquello peiro.*

Trait d'espièglerie de notre bouillante jeunesse :

« Un jour, continue Gueyrard, les enfants Gueyrard, Michel et Noël (dont l'un fut le père du narrateur), se dirent : « Allons décrocher la caisse, et nous la ferons rouler en bas. — Mon grand-père le leur défendit : Laissez cet homme, leur dit-il d'un ton ému et sévère, parce que vous ne savez pas pourquoi il est ici ; peut-être est-ce pour le bien, peut-être est-ce pour le mal ».

Le frère Labre se couchait dans la caisse, placée entre la pierre et le massif de rocher. Car, évidemment l'excavation était insuffisante pour maintenir et abriter l'auge en bois dans laquelle il se fermait.

Le frère Labre montait de temps en temps à la ferme pour demander la charité. Il disait aux deux sœurs Catherine et Anne ce qu'elles m'ont raconté bien souvent : « J'aime bien la soupe de son. » Elles lui offraient des œufs. « Je vous remercie, répondait-il, je me contente de son ».

On lui pardonnera cette plainte : « Vous avez ici un coq, ajouta-t-il un jour, qui, la nuit, m'empêche de prier. Il ne cesse de chanter. »

Gueyrard raconta un de ses faits si ordinaires dans la vie du bienheureux. Laissons la parole au narrateur champêtre.

« Le frère Labre fit un miracle à Mme Liotard. Elle était retenue au lit dans un état d'infirmité. Son père, voyant passer dans la rue frère Labre, lui dit : *(vé, vé que passo un san)* voilà, qu'un saint passe. — Je voudrais bien le voir, répartit la malade. Au même instant, elle quitte son lit, paraît à la fenêtre. Elle fut guérie. »

Les divers incidents de la vie du bienheureux étaient connus à Aix, comme le prouve le détail suivant. « Ma pauvre grand-mère, ajouta le fermier, aimait à chanter une complainte, dont j'ai conservé le souvenir du verset suivant :

> A la Trappe se présente
> Ayant le cœur bien contrit
> Bientôt n'en reçoit l'habit
> De la vie pénitente
> L'Austérité et l'Oraison
> Le rend presque moribond.

Le vieillard, dont le récit animé et pittoresque émotionnait les auditeurs, raconta ce trait, qui peint l'excessive délicatesse de conscience de l'homme de Dieu,

« On foulait le blé à la ferme d'un nommé Raimond, près de laquelle se trouve un grand cyprès. On transportait des haricots verts. Une cosse tomba. Il la ramassa et la mangea en s'en allant. Mais, bientôt, il revint sur ses pas, s'accusant d'avoir commis un grand crime ». — « Je viens, dit-il, vous demander pardon. Car, je ne vous ai pas dit que j'avais pris ce légume ». On admira une si étonnante vertu.

« La tradition, continue Gueyrard, est que le frère Labre a séjourné de temps à autre, pendant trois ans, dans la vallée du Chicalon. A la longue, on reconnut la grande sainteté de l'inconnu. Alors, on alla au-devant de ses besoins. Mes tantes furent de ce nombre : « Saint-homme, lui disait-on, venez chez nous, nous vous donnerons la soupe ».

Le vieillard donna un autre détail que nous ne mentionnerions pas, s'il ne devait nous fixer sur le lieu même où le saint prenait son repos. Son histoire est féconde en faits semblables.

« Il y a cinq à six ans, continua l'intéressant narrateur (en 1867) je descendis dans le vallon de Chicalon avec mon petit berger. Tout-à-coup, l'enfant, qui me devançait, me cria : Maître, la pierre sur laquelle vous vous êtes agenouillé l'autre fois pour réciter cinq *Pater* et *Ave*, n'y est plus. Elle est descendue là-bas ».

« Petit, lui dis-je, ne mens pas. — Venez voir, repartit-il hardiment. Je me rendis sur les lieux et je me convainquis qu'il disait vrai ».

Pour Gueyrard le déplacement de ce petit bloc était un phénomène, se rattachant à des influences surnaturelles. Ce rocher était disposé sur le devant de l'excavation dans laquelle le bienheureux avait fixé sa caisse. Or aujourd'hui il gît au fond du ravin. Tous les visiteurs peuvent le constater. Le merveilleux de ce déplacement est, en ce que cette énorme pierre, roulant sur le flanc du côteau, n'avait endommagé, non-seulement aucun des pins qui s'y trouvaient, mais pas même les romarins ou autres plantes si nombreuses. « Elle a donc dû se détacher, poursuivit le vieillard avec un enthousiasme qu'enflammait sa crédulité naïve, comme si on l'avait prise avec la main, et lancée de ce point élevé en bas. — J'allais raconter dans la ville ce phénomène. On y vint en foule. Les R. P. capucins furent de ce nombre. La pierre a de grandes dimensions. Elle a en-bas la même disposition que là-haut. Le dessus en est le dessus. Elle est tournée comme elle l'était là-haut. Je composai alors une complainte moi-même, pour chanter les merveilles opérées dans la vallée de Chicalon ».

III.

Le chant du fermier des Anges

Nous la donnons dans son entier cette intéressante cantilène, que nous tenons encore de la bienveillance du prêtre éminent qui interrogeait le fermier. Nous la faisons précéder des réflexions pleines d'esprit et de sens qui l'accompagnent.

« Le père Gueyrard se mit à nous dire, avec une inexprimable bonhomie, sa naïve cantilène.

La forme littéraire en est rigoureusement exclue. Les rimes n'existent la plupart du temps que dans l'intention ou dans l'oreille provençale. Car, et, c'est là son malheur, — la complainte essaye d'être en français. Telle tournure, qui outrage la syntaxe, eût été de fait en provençal la plus pittoresque des locutions.

N'importe, pour qui connaît d'où surgissent les sources sacrées de l'art, la Ballade, toute rudimentaire mais sincère et vivante du père Gueyrard, paraîtra sans témérité une œuvre poétique. Pour moi, je l'avoue, rien ne me touche plus que ces inspirations ingénues d'une muse au front chauve, aux cheveux blanchis, aux épaules courbées, aux mains caleuses, mais à l'œil brillant et aux lèvres souriantes qui semblent nous dire : Je chante comme l'oiseau avec la nature, comme le chrétien avec la foi.

Qu'on me pardonne donc de transcrire ici mot à mot, dans sa rustique ébauche, la charmante cantilène du pauvre vieillard *deis Angi*.

I.

Chrétiens prêtez l'oreille
Venez pour écouter
Les récits, les merveilles
Qui viennent d'arriver.

II.

Un saint que sa demeure
Était au pied d'un roc,
Voilà ce qu'il endure
Par la main du Très-Haut ;

III.

Étant couché par terre
Au pied de ce rocher,
De dedans une caisse
Que son corps saint portait.

IV.

Ayant pour nourriture
Que le son du froment,
Voilà ce qu'il endure
Pour aller au firmament,

V.

Ayant pour abreuvage
La source du vallon,
Source de la fontaine
Qu'on nomme Chicalon.

VI.

Source désaltérable
Qu'a fait boire un grand saint,
Jusqu'à la fin du monde
Tu couleras sans fin !

VII.

Enfin le Tout-Puissant
Pour y marquer sa place
A voulu au grand saint
Accorder une grâce.

VIII.

Se détacha la pierre
Qui sa caisse enchainait,
C'est pour faire connaître
Du saint la vérité.

IX.

Les dimanches et fêtes
De dedans ce vallon
Des chrétiens en masse
Semblent une procession.

X.

Vont pour voir les merveilles
Qui venaient d'arriver,
Et pour se satisfaire
Du saint la vérité.

XI.

A fini sa carrière
A Rome, ce saint lieu,
Ayant rendu son âme
Au séjour de devant Dieu.

XII.

Accordez-moi la grâce
Saint Labre à notre tour,
Qu'au ciel face à face
Nous nous trouvions un jour.

Au cours du récit du vieillard, j'avais pris quelques notes, veillant à reproduire avec la plus rigoureuse fidélité les expressions du naïf témoin de l'évènement, si important pour notre piété, et des traditions qui avaient imprégné son enfance. On a vu par ce qui précède que j'ai porté cette fidélité jusqu'au scrupule.

Les personnes présentes, le père Gueyrard en tête, signèrent cette sorte de compte-rendu *impromptu*. Je le déposai dans mes cartons d'où je l'exhume à treize ans de distance ».

La source dont parle le poète *deis Angis* à la strophe cinquième, se voit encore aujourd'hui, et, malgré les désolantes sécheresses des années présentes, elle n'a jamais tari. Elle se trouve presque dans le lit du torrent, si souvent à sec, non loin et sur la direction de l'oratoire. Sa forme est celle d'une conque dans le creux d'un rocher. Son eau quelquefois un peu troublée par les feuilles desséchées, est toujours pure et rafraichissante. Il semble que, depuis le passage du bienheureux, elle soit devenue intarissable. ce qui s'est produit ailleurs ne pourrait-il pas se produire dans cette vallée ? Nos légendes des saints relatent bien des faits de cette nature.

A ce récit palpitant d'intérêt, ajoutons quelques traits aussi frappants.

Le jeune fermier du ménage de Roman tenait de ses aïeux une anecdote merveilleuse. Ils lui avaient raconté que leur berger faisait paître un jour son troupeau dans les gorges du Chicalon. Labre s'approche, et lui présentant son écuelle vide, le prie de la remplir du lait de ses brebis.

Le berger empressé se rend à ses désirs. En recevant son bol plein d'un lait frais, Benoît dit au charitable berger : « Je n'ai pas d'argent pour vous payer, mais Dieu vous le rendra. Vos brebis *doublerons (sic)*, c'est-à-dire vous donneront chacune deux agneaux cette année-ci ».

L'évènement justifia la parole du saint. L'aumône du sou de lait eut ainsi une large récompense.

Le bienheureux rayonnait dans les divers pays de la région, pendant son séjour à Aix. On conserve le souvenir de son passage à Gardanne, à Trets, à Vauvenargues. Un fait frappant est encore sur les lèvres des anciens habitants. — Dans la première localité, les directeurs d'une grande hôtellerie avaient adopté, à l'instar des établissements monastiques de l'époque, la louable coutume de distribuer la soupe aux indigents et aux mendiants de passage. Benoît Labre se présenta parmi eux et la reçut plusieurs fois. Le muletier, impressionné par les traits de sainteté qui rejaillissaient de son visage, se prit d'admiration pour lui. Il disait : « Ce pauvre ressemble à Jésus-Christ, dans son langage vulgaire : *Au bouen Diou*. Il lui offrait un gîte pour la nuit dans le grenier à paille. Cette offre bienveillante fut acceptée. Cependant le muletier, poussé par une légitime curiosité, ne le perdit pas un moment de vue. Dans le cours de la nuit il s'ingénia pour l'observer. Il le trouvait toujours en prières, dans des positions d'humilité et de recueillement. Son estime grandit. Il n'eut plus de doute que ce mendiant ne fut un saint. Par un sentiment de charitable bienveillance il demanda aux fils du maître de lui donner non-seulement la soupe, mais encore quelques restes de viande ; deux d'entr'eux s'y refusèrent et insultèrent le saint pauvre en l'appelant un *original* un *fainéant*. Le troisième, pourtant plus humain, le prit en pitié et lui donna une petite part des aliments gras. Le mendiant reconnaissant prit la parole, lui annonça que Dieu le bénirait lui et sa postérité. Quand à ses deux contempteurs, il leur prédit l'emprisonnement sans peine de mort et la privation de postérité. Quelques années après la révolution de 93 éclatait. Les deux frères étaient enveloppés dans les édits de proscription et traînés dans les cachots de la République. Ils furent délivrés. Rentrés dans leurs foyers, ils sont morts sans postérité. Le troisième a prospéré dans ses biens et dans sa famille.

La prédiction s'est réalisée à la lettre.

IV.

Grâces miraculeuses obtenues par saint Labre

A son passage à Trets, il obtenait par ses prières l'heureuse délivrance d'une jeune mère en danger de mort dans un enfantement désespéré. La mère et l'enfant furent sauvés.

Il y laissa une réputation de sainteté. M. le chanoine A., originaire de cette localité, avait recueilli de son grand-père, homme grave et d'expérience, ces paroles élogieuses à l'endroit du bienheureux : « Ce mendiant n'est pas comme les autres ». Puis il ajoutait : « C'est un saint ; quelque jour on fera sa fête ». L'honorable petit-fils est témoin de l'accomplissement de ces paroles fondées sur une juste appréciation. Le pauvre mendiant a reçu et reçoit les plus grands honneurs qui peuvent être décernés à une créature mortelle. On louange son nom sur la terre et dans les cieux ; on brûle l'encens devant ses autels, on les illumine de mille feux ; on le prie ; on se prosterne à ses pieds, à deux genoux.

A Vauvenargues, Benoît opérait par ses raisonnements solides, pleins de foi et sympathiques, une révolution morale dans le cœur d'une mère désolée. Le même fait s'est produit dans d'autres circonstances. Mlle C., possédant encore la plénitude de ses facultés, malgré le poids de ses quatre-vingt-neuf ans, me l'a attesté, avec sa naïve simplicité.

Sa mère, originaire de cette localité, lui avait raconté qu'un enfant de treize à quatorze ans, fils du boucher, était mort d'une manière bien tragique. Par un laisser-aller qu'explique seul le sans façon villageois, la mère avait fait attacher à la croix de la place une corde qui, fixée par l'autre extrémité à un arbre rapproché, faisait fonctions de séchoir. Sur le soir, elle donne ordre à son fils de l'enlever. Celui-ci grimpe sur le piédestal de la croix, et cédant à des impulsions enfantines se suspend en se balançant. L'arbre sacré, ébranlé par ces violents mouvements, cède, tombe et écrase dans sa chûte le malheureux enfant. Cette mort déplorable fut un deuil pour la population. La pauvre mère pevint inconsolable. Concentrée dans sa douleur, rien ne la touchait plus.

Les réflexions les plus sensées comme les plus touchantes la laissaient insensible dans son noir et immense chagrin. On prévoyait l'altération de sa santé. Dans la cruelle perspective d'un second deuil, on s'adresse au jeune pèlerin, alors de passage à Vauvenargues ; on lui demande quelques paroles de consolation pour cette mère. Le saint mendiant se rend au domicile de l'affligée, lui parle un langage céleste qui ouvre son cœur à la paix et à la résignation. Spontanément la désolation disparaît. La bonne mère sort de son affreux marasme, se remet à son commerce et reprend le cours de toutes ses occupations : c'en était fait de son insurmontable affliction.

La ville a eu aussi sa part de faveurs. La même Mlle C. raconte que l'hydropisie faisait souvent des victimes dans sa famille, surtout parmi les hommes. La plupart, en atteignant l'âge de trente ans, ressentaient les premiers germes de cette irrémédiable maladie. Dans quelques années ils succombaient sous ses étreintes mortelles. On comprend la désolation de la parenté si souvent décimée par la mort. Déjà la sainteté du mendiant était partout remarquée. On eut la pensée de s'adresser à lui pour obtenir la cessation d'un mal si redoutable. Le bienheureux promit de recommander à Dieu cette cause. Depuis ce moment, il n'y en eut plus de traces dans la famille.

La vocation religieuse de Mlle Reymond, prédestinée à relever le sanctuaire de N.-D. de la Seds, est universellement connue à Aix. Pendant son séjour au Montaiguet,

Labre se rendait en ville chaque matin, assistait à la messe dans l'église de Saint-Jean-de-Malte, montait ensuite dans les combles, où il s'était fait un petit pied-à-terre, puis allait, après avoir mendié son pain, exercer ses œuvres de miséricorde partout où il croyait entendre la voix de Dieu.

Un jour, Mlle Reymond, jeune et charmante modiste, se trouvait en compagnie de M. l'avocat Pastorel, son fiancé, et causait avec lui, quand tout-à-coup elle voit venir par la rue voisine le bienheureux Labre, revêtu de son misérable habit de mendiant et brillant, comme toujours, par le désordre de sa tenue. A son approche, Mlle Reymond, avec un pieux empressement, mit la main à la poche. Pendant qu'elle cherche une pièce de monnaie, le serviteur de Dieu s'arrête et, regardant Mlle Reymond : « Mademoiselle, lui « dit-il, je prierai bien Dieu pour vous. Il a des vues sur « vous. Vous irez à Rome. Je n'y serai plus. Vous revien- « drez à Aix, votre pays, et vous y fonderez une maison « religieuse ». Cela dit, le saint ayant reçu l'aumône reprit sa marche, laissant la jeune modiste profondément impressionnée de l'accent particulier avec lequel ces paroles avaient été prononcées. Quelques années après, Mlle Reymond prenait le voile. Lors de son émigration, pendant la Terreur, elle alla à Rome et eut la consolation de s'agenouiller près du tombeau du bienheureux, devenu illustre par des miracles nombreux et éclatants. Lorsqu'elle eut fondé le couvent d'Aix, la sœur Saint-Augustin Reymond répétait souvent avec une grande affection de cœur : « C'est au bienheureux Labre que je dois ma précieuse vocation ».

Mlle Reymond était née le 14 février 1751 ; elle mourut le 22 juin 1826, à l'âge de soixante-quinze ans. — La rencontre eut lieu en 1773, aux abords de la rue du Mouton. Mlle Reymond avait vingt-deux ans, le B. Labre vingt-cinq. La tradition de cette vocation a été conservée parmi les dames religieuses du monastère de Notre-Dame de la Seds. Elle nous a été attestée par une des dernières supérieures, la sœur Sainte-Scholastique, morte en odeur de sainteté en 1881. Elle avait vécu avec la vénérable fondatrice.

La fréquentation du couvent des Carmélites, devenu aujourd'hui maison des RR. PP. Oblats de Marie, au haut du Cours, donnait lieu à son invocation et à un grand miracle. Les habitants de cette place avaient vu souvent Benoît Labre à la porte, attendant la distribution de la soupe. Ils avaient admiré comme tant d'autres les vertus du pauvre pèlerin, et, sous de sales haillons, l'auréole de la sainteté. C'était le 1er août de l'année de sa mort, 1783. La jeune fille d'un marchand de verres, habitant une des premières maisons de la rue du Louvre, était dans un état désespéré. Les parents désolés avaient demandé une neuvaine de prières aux pieuses religieuses leurs voisines, en l'honneur de saint Labre, leur hôte d'autrefois, et dont le tombeau était si glorieux. Le médecin venait de déclarer que c'en était fait de la malade. Ce jour-là la neuvaine finissait. Tout-à-coup, la jeune fille, obéissant à un mouvement instantané et involontaire, s'écrie : *Ma mère ! le saint des Carmélites vient de me dire : Peleite*, c'est-à-dire petite fille, *lève-toi, tu es guérie*. En effet, la jeune fille se levait ; elle était guérie. La miraculée devint plus tard mère. Elle reconnaissait qu'elle devait son bonheur d'avoir donné le jour à un saint prêtre à la protection de saint Labre. Ce prêtre, M. Dol, longtemps curé des Milles, y est mort en odeur de sainteté en 1856. Le bras du Seigneur n'est pas raccourci. Il nous reste encore à consigner dans ces notes une faveur obtenue dans ces derniers mois.

V.

Grâces miraculeuses obtenues par saint Labre
(Suite)

Il nous est raconté que la jeune J.-A, âgée de cinq à six ans, appartenant à une très honorable famille de la ville, dépérissait à vue d'œil. Elle était travaillée par un double mal depuis plus de cinq mois. Une irritation d'entrailles et l'anémie, disputaient en quelque sorte cette proie a l'habileté d'un médecin distingué, S'il combattait l'irritation, l'anémie prévalait ; s'il luttait contre l'anémie, l'irritation prenait le dessus. Cette complication irrémédiable laissait entrevoir un dénouement fatal. Une consultation ne donna aucune espérance. La jeune malade, d'une intelligence très précoce, ne se faisait pas illusion, Elle disait dans une noire mélancolie, avec son candide langage ; « Grand maman, on fera un grand trou et on nous mettra maman, toi et moi, et nous serons toutes les trois, « La pauvre enfant n'a pas connu sa maman ; elle est morte en lui donnant le jour.

En présence de cette perspective désolante, il fut suggéré à la famille si affligée de s'adresser à saint Labre. La proposition est acceptée avec joie, même par l'orpheline. On commença la neuvaine. La précieuse relique du serviteur de Dieu fut apportée et appendue au chevet du petit lit de la malade. Chaque jour elle leva ses innocentes mains vers le reliquaire et adressa sa courte prière au saint. D'autre part, les parents firent la neuvaine avec ferveur. Une messe fut célébrée le dernier jour à l'autel de saint Labre, dans l'église de Saint-Jean-de-Malte. Vers le milieu de la journée, tout-à-coup l'enfant se leva, courut à l'extrémité opposée de l'appartement, en s'écriant : « Saint Labre m'a guérie. » Depuis l'enfant a recouvré son appétit : elle va de mieux en mieux et on peut la dire guérie. Une messe d'action de grâces a été célébrée au même autel du saint protecteur. Un ex-voto magnifique a été placé à côté de la statue, portant cette inscription : « Reconnaissance à saint Labre pour une guérison obtenue, J. A., janvier 1885. « Il a fallu rendre la relique. Larmes et pleurs de l'enfant, qui ne l'a cédée qu'en recevant une belle photographie du saint.

Léon Aubineau, dans son intéressante *Vie du Bienheureux* relate ces détails qui appartiennent à la Provence et corroborent notre récit. Nous citons textuellement :

« Un soir sortit de la cathédrale de la petite et curieuse ville de Fréjus un pauvre se soutenant à peine répandant une odeur fétide, déguenillé, épuisé, les jambes entourées de linges, Il avisa sous les beaux arbres qui ombragent la place de la Cathédrale une boutique de barbier. Y fut-il invité ? entra-t-il de lui même ? Il fut accueilli ; on le fit asseoir, et le patron qui, selon l'usage d'alors, était chirurgien, se mit en devoir de visiter les plaies du mendiant. Il les lava, en nettoya la pourriture et les pansa avec une grande charité. Ne se contentant pas de ce service et cédant à une compassion chrétienne, sans se soucier des insectes qui pullulaient sur le Bienheureux, il lui proposa ensuite de lui faire la barbe. Le Bienheureux se prêta à ce ministère de sublime charité ; il en témoigna ensuite sa reconnaissance, promettant de prier pour toute la famille et assurant que la bénédiction de Dieu affluerait sur ses entreprises.

« La bénédiction de Dieu, en effet, s'est arrêtée sur la famille du chirurgien. Ses entreprises ont réussi comme le pauvre l'avait annoncé. Elle se trouva bientôt des plus considérables et des plus opulentes de la cité : elle en a occupé les charges les plus honorables et en reçut les mandats les plus importants. Il est vrai qu'elle n'a pas oublié son protecteur. Le charitable chirurgien n'aurait pu le faire. Les traits du mendiant s'étaient gravés dans son esprit : il repassait avec l'émotion la plus douce les moindres gestes et toutes les paroles du Bienheureux. Il trouvait à ce souvenir une consolation énergique et fortifiante. C'était pour lui un encouragement sensible à la vertu ; il ressentait une confiance chaque jour plus grande dans les mérites et la puissance de son pauvre hôte. Aussi, quand, quelques mois après la mort de Benoit, un des membres les plus précieux de la famille vint à tomber malade et que les médecins eurent déclaré leur impuissance, l'excellent barbier n'hésita pas à recourir à son ami du *ciel*. Ce ne fut pas en vain. Un petit *ex-voto* placé dans une des églises de Fréjus rappelle à tous la mémoire de cette guérison arrivée en 1785 et maintient parmi le peuple ardent de cette ville la dévotion au bienheureux mendiant [1] ».

Sur ces faits merveilleux et ces données connues aujourd'hui d'un petit nombre de personnes, se fonde l'idée-mère, la tradition du séjour de saint Labre à Aix. C'est pourquoi, en 1876, dans une lettre adressée au journal l'*Echo*, on réclamait, au nom des habitants de la contrée du Chicalon, l'érection d'une chapelle ou d'un monument commémoratif du passage du Bienheureux. Obéissant à ce désir, je l'exposai à S. G. Mgr Forcade, archevêque d'Aix. Je fus autorisé à ouvrir une souscription pour ériger une colonne, vulgairement appelée oratoire. En mai suivant, le petit monument était construit, près de la source mystérieuse, sur la rive droite du Chicalon. Une statue en pierre d'Arles, de 75 centimètres de hauteur, était placée dans la niche qui couronnait la colonne. L'inscription du fronton était ainsi conçue : « Au B. Labre, souvenir des nuits passées dans cette vallée.

Le vandalisme des libres-penseurs n'a pas respecté ce petit travail, assurément inoffensif.

Le treillis ou fils de fer a été forcé une première fois, brisé une seconde, la statue et le monument ont été mutilés. Deux ans après, une seconde statue a subi le même sort. Espérons que, dans des jours meilleurs, il nous sera accordé de réparer ces ruines.

---

[1] P. 118, *Vie admirable de B. Labre*, par Léon Aubineau.

A l'honneur des habitants de la cité et des alentours, l'érection de ce petit monument a été comme un réveil dans le culte un peu oublié de saint Labre. On s'est rendu avec empressement dans ces lieux sanctifiés par ses longues et ferventes méditations. Le concours a été incessant. La plupart des communautés lui ont payé leur tribut d'hommages. Puis des groupes plus ou moins nombreux s'acheminaient presque journellement dans ces sentiers lointains et solitaires, pour aller prier aux pieds de la statue. Le mouvement continue, quoique moins accentué depuis le brisement de la seconde. La piété ne saurait jamais se décourager.

D'ailleurs, la dévotion à saint Labre trouve un aliment auprès du sanctuaire érigé dans l'église de St-Jean-de-Malte. De ferventes et quotidiennes prières sont faites devant son autel, des lampes, des cierges y brûlent, des souvenirs sont suspendus en reconnaissance de quelque grâce obtenue. Son culte, espérons-le, grandira avec le temps; car, le Seigneur semble multiplier les faveurs sollicitées par la médiation du saint pauvre.

TABLE des MATIÈRES

---

	pages
Préface...	1
La Tarasque et Sainte Marthe..................	3
Le culte de Notre-Dame de la Seds............	23
L'église de Saint-Jean-de-Malte................	39
Légende locale sur Saint Labre.................	55

www.ingramcontent.com/pod-product-compliance
Lightning Source LLC
LaVergne TN
LVHW050556090426
835512LV00008B/1185